영재교육원의
창의적 아이들

영재교육원의 창의적 아이들

· 한국과학창의재단 엮음 ·

중앙에듀북스

■ 추천사

    지난 10여 년 이상 우리나라 영재교육의 현장에서 학생들을 지도하고 이들이 성장해 가는 것을 지켜보면서 영재들에 대한 사회적 관심과 제도적 지원이 얼마나 중요한가를 실감하고 있습니다. 특히 우리 사회의 미래가 과학기술에 달려 있음을 생각할 때 수학·과학영재에 대한 우리 모두의 관심은 지극히 당연하다 할 것입니다.

    영재교육에 대한 사회적 관심이 높아지면서 시중에는 영재교육과 관련한 책들이 다양하게 쏟아지고 있습니다. 이러한 시점에서 과학영재 교육을 지원하고 있는 한국과학재단에서 영재교육과 관련한 책을 발간하게 된 것은 매우 의미 있는 일이라 할 것입니다. 공적인 기관에서 책을 출판하는 것이 사회와 학부모님들께 영재교육에 관한 좀 더 정확한 개념과 이해를 제공하고, 과열되어 가고 있는 영재교육에 대한 올바른 지침서 역할을 할 수 있을 것이라 생각했기 때문입니다.

    저는 이 책을 통해서 영재교육 현장에서 일하고 계시는 많은 동료 교수님들을 만날 수 있었습니다. 그동안 과학영재 교육에 많은 시간을 투자하고 헌신해 오신 동료 교수님들의 글을 읽으며 고맙고 감사한 마음이 가득하였습니다. 10년 전 과학영재 교육이 아직 우리 사회에 정착하지 못하고 황무지와 같은 상황에서 열과 성을 다해 오늘과 같은 영재교육 체계를 이루어 놓으신 과학영재 교육원장님과 동료 교수님들께 존경과 감사의 마음을 표현하지 않을 수 없습니다.

동료 교수님들의 땀과 정성이 깃들어 있는 이 책을 통하여 우리 모두가 과학영재에 대해 더 많은 것을 이해하고, 나아가 과학영재 교육에 대한 전 사회적 관심과 지원이 강화되기를 기대합니다. 과학영재에 대한 투자는 우리의 미래에 대한 가장 좋은 투자 중 하나이기 때문입니다.

한국영재학회장 박인호

■ 머리말

　우수한 인재는 과학기술 발전과 국가경쟁력의 원동력입니다. 세계 선진 각국은 우수 인재 양성을 위해 국가적인 지원을 하고 있습니다. 우리나라도 인재대국 건설을 위해 창의인재·과학영재를 양성하고자 많은 노력을 기울이고 있습니다.

　과학영재교육은 1998년 대학에 과학영재교육센터가 설립되면서 본격화되었습니다. 2000년에는 영재교육진흥법이, 2002년에는 영재교육진흥법 시행령이 제정됐습니다. 이후 2003년 교육청이 영재학급을 개설하면서 기초 단계의 영재교육이 더욱 확대되었습니다. 수학, 과학을 중심으로 재능 있는 영재들을 발굴해 육성하는 영재교육이 꾸준히 발전해오면서 이제 영재교육의 육성체계는 탄탄한 토대를 갖추게 되었습니다. 초중학교 단계의 영재학급과 영재교육원, 고등학교 단계의 과학영재학교와 과학고, R&E(Research & Education) 프로그램, 그리고 대학 단계의 HP(Honors Program: 대학단계 영재교육과정), URP(학부생 연구 프로그램)에 이르기까지 우리나라의 영재교육지원체계는 다른 어떤 나라보다 체계적입니다. 한국 영재교육시스템은 충분히 선진화됐습니다. 이제는 영재교육 프로그램과 콘텐츠를 고급화하고 영재교원의 전문성을 제고해 영재교육을 내실화하는 데 힘을 기울여야 할 때입니다.

한국과학창의재단은 우리나라 과학영재교육에 있어서 중심적인 역할을 하고 있습니다. 전국 25개 대학의 과학영재교육원과 한국과학영재학교, 과학고의 연구프로그램(R&E)과 교육과정 개발, 선발 전형 등을 지원하고 있고, 또한 영재학생들의 국제과학올림피아드 참여와 대학단계 영재교육프로그램도 함께 지원하고 있습니다.

이 책은 한국과학창의재단이 수행하는 과학영재사업 중 핵심적 역할을 하고 있는 대학부설 과학영재교육원의 원장님들과 지도교수님들이 지난 10여 년간 과학영재교육원을 운영하고 영재들을 지도하면서 느끼고 체험했던 생생한 내용들을 담고 있습니다. 현장에서 영재들을 가르치면서 우리 사회와 교육계, 학부모님들에게 해주고 싶었던 이야기, 호기심 많고 잠재력이 뛰어난 학생들에게 들려주고 싶은 창의성 함양의 방법, 과학영재나 창의인재 양성이 우리 교육과 미래를 위해서 왜 중요한가 등에 대한 다양하고 유익한 내용들이 오롯이 담겨 있습니다.

우리 재단은 국민의 과학이해 증진을 위한 과학문화사업, 수학·과학 교육 강화를 통한 청소년의 창의성 제고 사업, 과학기술과 인문사회·문화예술의 만남 교류를 통한 융합문화사업 그리고 우수 인재를 발굴해 국가의 핵심동량으로 키우는 과학영재

사업 등을 수행하고 있습니다. 과학영재교육은 소수 엘리트 교육의 틀에 갇힌 채 과학문화사업이나 창의인성교육과 별개로 진행되는 사업이 아닙니다. 과학문화가 확산돼야 사회의 합리성이 제고되고 창의인성교육이 활성화돼야 청소년의 창의성과 인성이 꽃피며, 그런 탄탄한 기반이 조성돼야 영재교육이 착실히 발전할 수 있습니다. 앞으로의 인재교육은 주입하는 교육이 아니라 잠재력과 창의성을 끌어내는 교육이 될 것입니다. 미래사회가 요구하는 인재는 '똑똑하기만 한 인재'가 아니라 '똑똑하고 착하고 정직한 인재' 입니다. 영재교육에서도 창의성, 협동정신, 리더십, 인성은 중요한 가치입니다.

한국과학창의재단은 영재교육에 대한 이해의 폭을 넓히고 사회적 관심이 커지기를 기대하는 마음으로 이 책을 기획했습니다. 또한 미래과학자를 꿈꾸는 청소년들에게는 이 책이 미래에 대한 도전의식과 희망의 동기를 제공하기를 기대합니다. 연구와 교육에 매진하며 바쁜 가운데에도 기꺼이 옥고를 집필해주신 과학영재교육원장님들과 지도교수님들께 경의를 표하며, 이 시간에도 묵묵히 창의인재 육성과 영재교육을 위해 현장에서 헌신하시는 모든 선생님들께 감사의 마음을 전합니다.

한국과학창의재단 이사장 정 윤

차례

Chapter 1
우리 아이도 영재일까

- 내가 만난 과학영재의 특징 · 15
  여상인(아주대학교 과학영재교육원 초등과학 지도교수)

- 수학영재아와 그 특징 · 25
  조용환(전북대학교 과학영재교육원장)

- 과학영재 교육, 그 이상과 꿈의 실현 · 36
  김홍철(강릉대학교 과학영재교육원장)

- 누나 따라온 초등학생이 과학영재교육원 청강생이 되다 · 48
  박달원(공주대학교 과학영재교육원 중등수학 지도교수)

- 영재 어머니들과의 편지 교환 · 54
  강완(서울교육대학교 과학영재교육원 운영위원)

Chapter 2
과학영재교육원의 하루

- 경남대 과학영재교육원 원생들의 생활 · 73
  손진우(경남대학교 과학영재교육원장)

- 강원대 과학영재교육원의 특별활동 · 79
  조영신(강원대학교 과학영재교육원장)

- 하루를 여는 '아침 산책' · 93
  김창대(목포대학교 과학영재교육원장)

- 도서벽지 방문 교육 프로그램 · 104
  김상수(창원대학교 과학영재교육원장)

- '신나는 토요일'부터 시작된 과학영재와의 만남 · 113
  박종욱(청주교육대학교 과학영재교육원장)

Chapter 3
영재들의 학습방법

- 머리 좋아지는 방법 · 131
  강용희(경북대학교 과학영재교육원장)

- 원의 면적은 0이다? · 142
  장건수(연세대학교 과학영재교육원장)

- 논리적 · 창의적 · 반추적 사고를 통한 문제해결력 신장 · 148
  김철민(제주대학교 과학영재교육원장)

- 창의성을 높여 주는 학습방법 · 158
  박종원(전남대학교 과학영재교육원장)

- 과학영재 교육과 창의성 신장 · 172
  이건형(군산대학교 과학영재교육원장)

Chapter 4
이렇게 해결하세요

- 잘 모르는 창의성, 모두 알고 있는 창의성 · 183
  최원(인천대학교 과학영재교육원장)

- 과학자처럼 생각하기 · 196
  이호연(충남대학교 과학영재교육원장)

- 창의력의 한 근원인 개념 재정립의 몇 가지 사례 · 204
  조현욱(순천대학교 과학영재교육원장)

- 창의적 사고기법 · 218
  손정우(경상대학교 과학영재교육원 중등물리 지도교수)

- 과학적 창의성을 키우는 방법 · 237
  채원석(대진대학교 과학영재교육원장)

Chapter 5
과학영재는 우리의 미래

- 과학영재 교육이 우리 교육에 미치는 효과 · 247
  이성묵(서울대학교 과학영재교육원장)
  이인호(서울대학교 과학영재교육원 연구원)

- 미래 사회의 핵심, 과학영재를 키우다 · 255
  박찬웅(경원대학교 과학영재교육원장)

- 영재교육이 국가 사회 경쟁력과 발전에 필요한 이유 · 268
  문성배(부산대학교 과학영재교육원장)

- 창조적 인재 양성과 국가 경쟁력 강화 · 277
  김경남(안동대학교 과학영재교육원 교수)

- 영재교육이 한국 교육에 미친 효과와 과제 · 286
  한성홍(울산대학교 과학영재교육원장)
  박혜원(울산대학교 과학영재교육원 영재교육연구실장)

Chapter

1

우리 **아이도 영재** 일까

내가 만난 과학영재의 특징

여상인(아주대학교 과학영재교육원 초등과학 지도교수)

영재 수업 전이나 휴식시간에 만나는 부모들은 "우리 아이는 어떤가요?", "수업을 잘 따라가나요?"와 같은 질문을 빠뜨리지 않는다. 아니 이런 질문이 거의 대부분이다. 부모라면 누구나 학교에서나 과학영재원에서 내 자식의 생활이 궁금하게 마련이다.

하지만 부모들의 질문에서 내가 느끼는 감정은 자식의 지적 수준이 영재로서 충분한 자질이 있다는 것을 지도교수인 내 입을 통해서 확인하고 싶어한다는 것이다.

원만한 교우관계를 유지하기 위해서, 자식의 재능을 개발하기 위해서, 리더십을 길러주기 위해서, 과학 이외의 다양한 소양을 갖추기 위해서 어떻게 해야 하는지 궁금해하는 부모는 찾아보기 어렵다.

◈ 과학영재인가, 과학 우수아인가

일전에 한 어머님이 내게 이런 푸념을 하였다.
"교수님, 우리 영재가 다니는 학교에서 학생 대표로 우리 영재 대신 다른 학생을 내보냈는데, 그 학생이 상도 하나 받지 못하고 왔지 뭐예요. 우리 영재를 보냈으면 학교 이름을 빛냈을 텐데."
어머님의 푸념 속에는 자식의 재능을 인정해 주지 않은 선생님에 대한 불만, 자식의 영재성에 대한 자부심이 한껏 묻어 있었다. 어머님의 말씀을 들으면서 내가 지도하고 있는 O영재라는 학생이라면 충분히 학교의 대표가 될 수 있을 텐데, 그 학교에는 우수한 학생이 많은가 보다 생각했다. 그리고 영재를 지도하시는 선생님마다 영재에 대한 철학과 신념이 다르기 때문에 그 선생님의 판단을 존중해 주어야 한다면서 위로를 드렸다.
그런 다음 O영재 학생의 과학영재원에서의 생활에 대해 이런 저런 얘기를 나누다가 무언가 이상한 점을 느꼈다. 그 어머님의 자식은 O영재가 아니고 O철수가 아닌가? 그 어머님은 아예 자식 이름을 O철수가 아닌 O영재로 바꾸어 부르고 계셨던 것이다.
그 어머님의 자식에 대한 자부심이 부럽기도 했지만, 마음 한편으로 스며드는 쓸쓸한 느낌을 지울 수가 없었다. 과학에 대한 지식 몇 조각을 먼저 알고 있다고 과학영재라고 할 수는 없지 않겠는가?

Chapter 1

우리 아이도
영재일까

　경기도의 초등학교 수가 약 1,000개이므로 이 중에서 선발된 20명 정도의 초등 과학영재는 우수한 인재임에는 틀림없다고 생각했다. 하지만 내가 바라는 과학영재의 수준이 너무 높은 것인지는 모르겠으나, 이 학생들을 지도하면서 과학영재라고 자신 있게 추천할 수 있는 학생은 많지 않다.

　내가 지도하는 학생들이 과학에 대한 관심과 흥미, 과학 탐구에 대한 열정은 남다른 구석이 있고, 과학 지식의 수준도 보통의 아이들보다 높은 것은 자명한 사실이다. 또한 탐구 과제의 수행이나 영재 수업 활동에서 독특한 아이디어를 제안하고, 다양한 문제해결 방안을 제시하며, 남들과 다른 관점에서 사물을 해석하는 모습도 종종 볼 수 있다.

따라서 내가 지도하는 학생들이 꾸준히 노력한다면 앞으로 자신이 원하는 분야에서 창의적인 아이디어를 제안할 수 있는 보통 이상의 능력 있는 인재로 성장할 것이라는 점에서는 크게 의심하지 않는다. 하지만 과학 우수아가 아니라 과학영재가 되어 자신의 연구 분야에서 세계적인 훌륭한 리더로 성장하고, 자신의 삶에 만족하면서 행복한 인생을 영위하기 위해서는 인지적인 능력 이외에도 갖추어야 할 여러 자질이 있다고 생각한다.

다음에 소개할 대표적인 국내 과학자의 성공과정에서 영향을 준 요인에 대한 연구 내용은 과학영재원의 과학영재가 갖추어야 할 자질이 무엇인가에 대한 시사점을 준다고 하겠다.

◇ 성공한 과학자의 특성과 닮은 점

서울대 오헌석 교수 연구팀에서 국내 대표적인 과학자 31명의 공통점을 분석한 '과학 인재의 전문성 개발 과정에서의 영향 요인에 관한 연구'의 내용을 보면(중앙일보 2007년 11월 19일자에서 인용), 책을 많이 읽는 학구적 가정에서 태어나 중고등학교 시절 유명 과학자를 만나 본 경험이 있는 사람이 뛰어난 과학자로 성장할 가능성이 높은 것으로 나타났다.

특히 초·중·고등학교 시절인 '탐색기'에서는 과학자의 절반 이상이 '자기 주도적 학습 태도'와 '다양한 분야에 대한 관심과 강점'이 있는 것으로 나타났다. '책을 많이 읽는 학구적인 가정 환경'과 '과학자와의 의미 있는 만남 경험'이 있었다고 답한 과학자가 각각 70%와 80% 이상이었다.

그리고 대학 시절인 '입문기'에서는 90% 이상의 과학자에게서 '독립적인 성격 특성'이 발견되었고, 자신의 미래 계획을 혼자 세우는 건 물론, 잘 알려져 있거나 남들이 좋아하는 분야가 아닌 분야에 관심을 더 기울이는 특성이 관찰되었다.

석·박사 과정과 박사 후 과정인 '성장기'에서는 약 90%의 과학자에게서 '과제 집착력'과 '몰입'의 경험이 집중적으로 나타났다. 평생의 연구 주제를 이 시기에 발견했다고 답한 과학자도 90% 이상이었다.

과학자로서의 본격적인 활동이 시작되는 신임 교수 또는 연구원 시절인 '주도기'에서는 '우선순위 정하기 능력'(60%), '의사소통 능력'(50%), '창조적 연구 성과에 대한 사명감'(100%) 등의 성향이 주로 관찰되었다.

내가 지도하는 많은 과학영재 학생들도 책 읽기를 즐겨 한다. 한번은 영재 수업을 독서 토론으로 진행한 적도 있다. 미리 읽고 올 책을 몇 권 정해 주었더니 내가 정해 준 책 이외에도 관련된 책을 구해서 읽고 온 학생이 더러 있었다.

이 학생들은 내가 알려 준 실험 활동의 방법을 흉내 내지 않고 제멋대로 하는 학생들이기도 하다. 엉뚱한 사고를 치고, 수업을 방해하는 것은 아니지만 더 좋거나 효율적인 방법을 찾아내어 내가 계획한 활동 시간보다 빨리 끝내고, 다른 친구들에게 새로운 아이디어를 제공하는 귀엽고 예쁜 녀석들이다. 그리고 정해진 시간에 수업을 마치는데도 수업을 빨리 끝낸다고 투정을 부리는 녀석들이기도 하다.

　자기 분야에서 성공한 많은 과학자들이 어린 시절부터 문학, 예술 분야와 관련된 독서를 즐겼고, 이런 경험이 과학을 공부하는 데도 큰 도움이 되었다는 경험담이 많다. 이런 점을 볼 때 과학뿐만 아니라 다양한 영역의 주제에 관심을 가지고, 이들 분야에 대한 독서를 즐기는 것은 미래의 성공한 과학자가 되기 위해 현재의 과학영재가 갖추어야 할 중요한 특성이라고 생각된다.

　미래의 자신의 직업에 대한 계획도 매우 구체적이며, 그 직업에 대한 많은 정보도 가지고 있다. 인공 장기를 개발하겠다는 꿈을 가지고 있는 어떤 학생은 공대에 진학하여 기계공학을 배운 다음 의대에 진학하여 신체의 기관에 대해 공부할 것이라는 구체적인 계획을 세우고 있었고, 생명공학을 전공하겠다는 학생은 생물학에 대한 폭넓은 독서로 이 분야에 대한 지식 수준이 매우 높았다. 그리고 외교관이 되겠다는 학생도 있었는데, 이 학생에게 과학영재원에 온 이유를 물었더니 유능한 외교관이 되기 위해서는 다양한 방면의 지식이 필요하기 때문이라고 답하였다.

이런 면에서 과학영재원의 설립 목적을 '다양한 분야에서 과학을 이해하는 우수한 인재를 양성하는 것'으로 바꾸는 것도 깊이 고려할 필요가 있다고 생각된다.

◆ 어떤 영재의 성장 배경

몇 년 전에 지도한 학생 중에서 내가 과학영재라고 추천할 수 있는 학생이 있었다. 초등학교 4학년 때 과학영재로 선발되었으나, 5학년이나 6학년 학생에 비해 창의적인 문제해결 능력이 손색이 없었다. 특히 사물을 관찰하는 세밀한 능력은 지도교수조차 놀랄 정도였다.

한 달에 한 번 정도 만나서 학생들을 지도하기 때문에 평소에 생활하면서 궁금한 것, 자신의 생활 등을 메일로 적어서 보내라고 일렀는데, 유일하게 일주일에 한 번꼴로 메일을 보낸 학생이기도 하다. 어느 날부터는 메일을 영어로 보내기 시작했는데, 한국말보다 영어로 표현하는 것이 쉬워서 그랬다고 했다.

집안 형편이 넉넉하지 못해 학원 근처에도 가보지 못한 학생이었는데, 집에서 혼자 CNN 방송을 3개월 정도 청취하면서 영어 실력이 크게 향상되었고, 각종 영어 관련 대회에 학교 대표로 뽑

혀서 많은 상을 수상하기도 했다.

다양한 영역에 대한 풍부한 독서를 토대로 4학년인 이 학생이 보내는 메일의 주제는 사회문제, 도덕적 가치관 등 다양했으며, 표현력이나 글의 짜임새가 또래 학생들에 비해 월등히 우수하였다. 과학영재라기보다 언어영재라고 할 정도로 언어에 대한 능력이 특히 우수하였다.

부모와의 상담에서 아이를 어떻게 키웠냐고 물었더니, 이 학생의 부모님은 어릴 때부터 집 주위의 산이나 들로 산책을 자주 나갔고, 지나가는 개미나 돌 밑에 있는 작은 생물 등 아이가 호기심을 가지고 궁금해하면서 관찰하면, 재촉하지 않고 아이가 가자고 할 때까지 몇 시간이나 기다려 주었다고 했다. 또 아이들의 '왜'라는 질문에 '답'을 말해 주지 않고 "너는 왜 그렇다고 생각하니?"와 같이 오히려 되묻기만 했다고 한다. 사실 의도적으로 답을 해주지 않은 것이 아니라 부모님이 몰라서 그랬다고 하였다.

이 학생이 가진 뛰어난 관찰 능력, 문제해결의 다양성과 같은 재능은 부모 교육의 영향이 컸다고 생각된다. 학생의 질문에 바로 답을 알려 주면 학생은 더 이상 사고를 하지 않는다. 따라서 과학영재의 궁금증에 대해 즉답을 하지 않고 계속적으로 사고할 수 있는 환경을 만들어 주는 것이 과학영재의 창의적 사고를 배양한다는 측면에서 매우 큰 시사점을 준다고 생각한다.

◇ 영재들이 보이는 몇 가지 성격

과학영재를 지도하면서 느낀 몇 가지 공통적인 성격의 특성을 살펴보면 다음과 같다.

장난기가 많고 유머가 있다. 초등학생이라 어리기 때문인지는 모르겠으나, 영재 수업에서 조금만 풀어 놓으면 금방 친구들과 또는 혼자서 별별 희한한 장난을 많이 한다. 실험 재료로 나누어 준 기구나 도구를 가지고 하는 장난이 대부분인데, 무언가 호기심이 발동해서 하는 장난이라 전체적인 수업 분위기를 방해하지 않으면 그냥 지켜볼 때가 많다. 이런 학생들의 장난에서 새로운 수업 소재를 발견하는 경우도 있어 영재교육 프로그램에 긍정적인 피드백을 줄 때가 종종 생긴다.

또한 실험 결과를 해석하는 과정에서 나름대로의 유머를 즐기는 것도 볼 수 있다. 연예 프로그램에서 개그맨들이 하는 유머와는 차원이 다른 유머로 수업 활동과 관련된 소재에 신선하고 즐겁게 접근하는 모습을 보인다.

애매모호함에 대해서도 수용하는 태도가 뛰어나다. 일반 학생들은 동시에 존재하는 사물의 두 가지 면을 함께 수용하려고 하지 않는다. 빛의 파동성과 입자성, 과학 발달이 인간 생활에 미치는 긍정적인 면과 부정적인 면과 같은 주제를 가지고 일반 학급에서 강의를 하면, 수업 후에 학생들은 "그래서 빛은 입자인가요?

파동인가요?" 또는 "그래서 과학의 발달은 좋은 것인가요? 나쁜 것인가요?"와 같은 질문을 종종 한다. 하지만 과학영재들은 빛의 이중성을 있는 그대로 수용하고 끓는점, 녹는점 등에서 보여 주는 변화의 애매모호함, 과학의 발달이 주는 긍정적인 면과 부정적인 면 등을 동시에 잘 수용한다.

또한 요구사항이 많고 까다롭다. 수업을 하다 보면 준비된 실험 재료 이외의 재료를 요구하는 경우가 많다. 제시된 활동을 하다가 자기 나름대로 해보고 싶은 활동이 많아지고, 그에 따라 이것저것 요구하는 재료나 기구가 많다. 재료의 품질이나 기구의 성능에 대해 까다롭게 구는 경우도 많다.

이외에 영재 학생들에게서 볼 수 있는 성격으로 내향적인 것 같으면서도 토론을 할 때는 자신의 주장에 대한 고집이 있고, 교우관계가 넓어 여러 친구들과 두루 사귀기보다는 몇몇 친구들과 좁게 사귀는 경향이 있다. 진부하거나 반복적인 활동을 싫어하고, 항상 새로운 것을 추구하려는 경향이 많다.

수학영재아와 그 특징

조용환(전북대학교 과학영재교육원장)

◆ 영재아는 누구인가

내 아이가 또래집단의 아이들보다 암기력이 뛰어나다거나, 엄청나게 빨리 셈을 잘 한다거나, 비교할 수 없을 만큼 빠른 속도로 책을 읽는 등 무언가 다른 특성을 보일 때, 우리 아이에게 천재(영재)로서의 소질이 있는 것이 아닌지 한 번쯤 기대 섞인 고민을 한 경험이 있을 것이다.

특별히 뛰어난 재능을 가진 사람들을 우리는 흔히 천재, 신동, 수재, 영재 등으로 부른다. 천재나 신동은 천부적(선천적)인 능력을 가지고 있어 특별히 가르치지 않아도 역사적으로 뛰어난 창조적인 업적을 내는 경우를 지칭하고, 이에 비해 후천적 요소가 더 커서 타고난 능력보다 자신의 훈련이나 노력을 통하여 학교의 정

규 교육과정에서 수석 합격이나 수석 졸업 등 탁월하게 좋은 성적을 내지만 창조적 산출물을 내지는 못하는 경우에 이를 수재라고 불러왔다. 그렇다면 영재아란 어떻게 정의되는가?

영재아에 대한 정의는 시대의 흐름이나 사회의 가치관, 문화 등에 의해 달라질 수 있을 것이다. 간단하게 지능지수가 135 이상인 자, 혹은 상위 1~5% 이내에 속한 자를 영재로 규정하는 경우도 있지만, 영재성에 관해 가장 잘 인용되는 정의는 미국 교육성의 정의와 세 고리 개념에 의한 정의이다.

미국 교육성에서 정의하는 영재는 "뛰어난 능력을 가지고 있어서 훌륭한 성취 가능성이 있다고 전문가에 의해 판별된 자로서, 정규 학교 교육과정 이상의 교육 프로그램이 필요하며, 일반 지적 능력, 특수 학문 적성, 창의적이고 생산적인 사고, 지도력, 시각 및 공연예술, 정신운동 능력의 한 분야 혹은 몇 분야에서 이미 성취를 나타내고 있거나 성취할 수 있는 잠재력이 있는 아동들"이다.

그리고 세 고리 개념에서는 "평균 이상(웩슬러 지능검사로 지능지수 115 이상)의 지적 능력, 과제 집착력(어떤 한 가지 과제 또는 영역에 자신의 에너지를 집중시키는 성격 특성), 창의성이라는 세 고리가 교차하는 곳에서 영재성을 찾을 수 있으며, 세 영역 중 두 개가 15% 이내, 나머지 하나가 2% 이내의 능력을 지녀야 영재성이 나타나고, 영재아는 이 특성들을 갖고 있거나 이 특성들이 발달될 가능성이 있는 아동"으로 규정하고 있다(Renzulli, 1978).

우리가 눈여겨볼 것은, 이미 성취력을 보여주고 있는 아동뿐 아니라 성취할 수 있는 잠재력 혹은 특성을 가진 아동들까지 영재아의 범주에 넣음으로써 영재교육의 폭을 넓히고 있다는 점이다.

◆ 수학영재아는 누구인가

수학의 노벨상으로 불리는 필드(Fields)상 시상식이 2006년 스페인 마드리드에서 있었는데, 수상자 4명 가운데 가장 나이가 어린 사람은 현재 미국 UCLA 수학과 교수인 호주 출신의 수학자

테렌스 타오(Terence Tao, 1975년 7월 17일~)였다.

그는 호주 아델라이데에서 태어났는데, 어린 시절부터 신동으로 소문이 자자했다. 데이비슨 영재 프로그램 역사상 여덟 살에 SAT 수학에서 760점을 얻었고 700점이 넘은 사람은 타오를 포함해 단 두 명뿐이었다. 1986~1988년 3년 동안 타오는 국제 수학 올림피아드에서 늘 가장 어린 참가자였으며, 연도순으로 각각 동메달, 은메달, 금메달을 수상하였다. 금메달 수상 당시 그는 겨우 열세 살이었고, 이런 기록은 전례가 없었으며 아직 깨지지 않고 있다.

우리가 지도하고 있는 수학영재 아동들 가운데서도 이런 필드상 수상자가 나오기를 기대하면서, 일반 능력과 확연하게 구분되는 것으로 알려진 수학적 능력을 가진 영재아에게도 일반 영재 아동들에게서 찾을 수 있는 높은 지적 능력, 창의성, 과제에 대한 집착력 등이 동일하게 나타나는지, 아니면 이와는 별도로 다른 특징들이 나타나는지 살피는 것은 의미 있는 일이다.

영재성이 나타나는 영역을 일반적 성취 영역과 특수 성취 영역으로 구분하고 있다. 수학은 이 중 특수 성취 영역에서 철학, 시각예술, 과학, 사회과학, 법률, 종교, 언어, 음악, 생명과학, 운동예술 등과 함께 11개 세부 영역 중 한 부분을 차지하고 있다.

수학영재는 "수학영재 전문가에 의해 수학 영역에서 뛰어난 업적을 이루었거나 이룰 것으로 판별된 자로서, 정규 프로그램 이상의 특별한 교육 프로그램과 서비스를 필요로 하며 수학적 사고 능력, 수학적 과제 집착력, 수학적 창의성, 배경 지식(수학 문제를 해결하는 데 필요한 수학적 지식과 다른 영역의 지식)의 요인에서 평균 이상의 높은 능력을 가진 자"(김홍원, 1996), 혹은 "선천적으로 타고난 소질과 적성 및 후천적으로 학습한 수학에 대한 기초지식을 바탕으로 수학적 문제를 해결하고자 하는 지적·정의적인 행동 특성이 수학적 사고 기능과 긍정적으로 조화롭게 작용하여, 수학적 과제를 창의적으로 수행해 낼 수 있는 잠재적 가능성을 가지고 수학 분야에서 이미 탁월한 성취를 보이고 있거나 보일 가능성이 있는 자"로 정의하기도 한다(송상헌, 1996).

◆ 수학영재아들은 어떤 특징을 가지고 있는가

수학영재아들은 개개의 각기 다른 특별한 성격을 가지고 있지만, 그래도 공통으로 가지고 있는 일반적 특징이 있고, 이를 아는 것은 학부모나 이들을 지도하는 지도자 모두에게 매우 중요한 일이다.

수학영재가 가지고 있는 일반적 특징을 열거해 보면 다음과 같다(송상헌,《수학영재 교육의 이해》, 1996).

- 수학 교과목에 대한 선호도가 높다 : 수학을 특별히 좋아하며, 다양한 선택 활동 중에서 수학 관련 활동을 좋아한다.
- 수학적인 과제에 대한 호기심과 도전 의식이 강하다 : 수량에 대해 호기심을 가지며, 수학 퍼즐과 수학적 게임에 대한 도전 의욕이 강하고 즐겨 한다. 쉬운 문제의 평범한 성취보다는 복잡하고 어려운 과제에 도전하는 것을 즐긴다.
- 빠른 학습 속도와 높은 성취감을 보인다 : 전통적인 학습 내용을 보다 빨리 숙달하며 동료들에 비해 높은 수준의 내용에 도전하여 성취하려는 욕구를 가지고 있다.
- 직관적인 통찰력이 있다 : 이미 해결한 문제와 새로 해결할 문제 사이의 관계를 잘 파악하며 문제의 핵심을 꿰뚫는다.
- 추상적 사고를 한다 : 문제해결을 위한 도구를 구체적인 자료의 활용에 의존하기보다는 추상적으로 다루려는 경향과 그러한 능력을 가지고 있다.
- 사고의 과정이 짧다 : 문제해결의 과정에서 중간 단계를 생략하거나 수학적인 추론 과정을 단축하여 간단히 설명하려고 한다.
- 사고에 유연성과 독창성이 있다 : 사고 전환의 속도가 빠르며, 예상하지 못한 독특한 방식으로 문제를 해결하는 경향이 있다.
- 문제를 응용하고 일반화한다 : 규칙성과 관계를 발견하기를

즐기며, 이에 대해 성공적이고 그것을 설명하려고 한다. 일반적인 수준의 문제해결에서 적용되는 알고리즘을 빨리 일반화한다.
- 기억력과 회상 능력이 뛰어나다 : 기억력이 뛰어나며 수학적 사실이나 관계, 증명, 문제해결 방법 등에 대한 기억을 오랜 시간 유지할 수 있다.
- 과제에 대한 집중력과 집착력이 높다 : 자신이 흥미를 갖는 문제에 대해서 오랜 시간 집중할 수 있으며, 문제해결이 만족스럽지 않을 경우 그 대안을 빨리 찾는다.
- 독립적이며 자기 주도적이다 : 실생활이나 문제해결 장면에서 좀 더 독립적이고 자기 주도적 활동을 한다.

한편 수학영재들은 공간 시각화 능력이 뛰어나 점이나 선, 그리고 도형 등을 변화시키는 능력이 탁월하며, 개념이나 과정을 설명하는 기호 체계를 이해하고 적용하는 추상적 기호 조작 능력과 문제를 조직하고 해결하는 추론 능력이 뛰어나다는 보고도 있다(Howley, 1990).

미국수학교사협의회(1987)는 수학영재아의 행동 특성을 크게 일반적 행동 특성, 학습 행동 특성, 창의적 행동 특성, 수학적 행동 특성의 4가지로 나누었는데, 수학적 행동 특성을 상술하면 다음과 같다.
- 수에 대한 조기의 호기심과 이해력이 있다.
- 수와 공간적 관계에 대한 논리적이고 상징적인 사고능력이 있다.
- 수학적 패턴, 구조, 관계, 연산에 대한 지각과 일반화 능력이 있다.
- 분석적, 연역적, 귀납적으로 추론하는 능력이 있다.
- 수학적 추론을 간략화하고, 합리적이고 경제적인 해를 찾는 능력이 있다.
- 수학적 활동에서 지적 처리 과정의 유연성과 가역성이 있다.
- 수학적 기호, 관계, 증명, 풀이 방법 등을 기억하는 능력이 뛰어나다.
- 학습한 것을 새로운 상황에 적용하는 능력이 있다.
- 수학적 문제를 풀이하는 데 있어서 활동력과 지속성이 있다.
- 수학적 지각력이 있다.

◆ 영재아를 둔 학부모의 역할은 무엇일까

로빈슨(Robinson, 1993)은 영재아의 부모들에게 다음과 같은 사항을 유의해야 한다고 조언하였다.

- 자녀가 다른 아이들과 다르다는 사실을 받아들여야 한다.
- 발달의 시간표를 활용하되 많은 발달 영역에서 그 시간표를 따르지 않을 것이며 특별한 조절이 요구된다. 발달 시간표는 하나의 안내서로 참고한다.
- 자녀의 욕구를 충족시키고자 할 때, 부모의 욕구와 다른 가족의 욕구, 가족이 할애할 수 있는 시간, 예산 등을 고려하여 어느 한쪽으로 치우치지 않는 접근이 중요하다.

또한 영재의 부모를 위한 제안(구자억 외)에서는 다음과 같이 설명하였다.

- 영재아 역시 아이이므로 통제보다는 사랑을, 규율보다는 관심을 원한다.
- 영재아를 다른 아이들과 비교하지 마라. 모든 아이들은 독특하고 특별하다.
- 영재아에게 귀를 기울여라. 그들의 질문은 매우 중요하며 질문을 무시하면 호기심도 사라진다.
- 영재아의 독창성을 장려하라.
- 영재아가 알고 있는 지식을 존중하라.
- 영재아가 원하면 조기에 전문화할 수 있도록 하라.
- 영재아는 관심의 영역이 넓고 다양하여, 대개 오랜 시간 한 영역에 집중하지 못한다. 부모는 영재아가 하나의 취미를 계

속 지속할 수 있도록 장려해야 한다.
- 영재아라 할지라도 모든 시간을 무엇인가를 얻는 데 사용할 필요는 없다. 그들은 몽상할 시간, 텔레비전을 볼 시간, 만화 볼 시간이 필요하다.
- 노력한 결과에 대해 칭찬하라. 결과가 좋게 나왔으면 칭찬하고 기대에 못 미쳤을지라도 영재아가 한 시도에 대해 칭찬하라.
- 조화로운 가정생활을 위해서 규율은 필요하다.
- 부모의 열망대로 영재아가 성장하고 살아가기를 기대하면 안 된다.

부모는 자녀 교육을 전적으로 책임지고 있으며, 자녀의 요구를 어떻게 수용하고 어떤 방식으로 어디까지 들어주어야 하는가에 대해 늘 고민하고 있다. 자녀가 영재성을 가지고 있다면 부모에게는 큰 기쁨이지만, 또 한편으로는 자녀가 그 영재성을 잘 발휘하여 뛰어난 성취를 이루고 행복한 삶을 꾸려 나갈 수 있도록 도와주는 것은 결코 쉬운 일이 아니다. 그러기에 영재아를 둔 부모에 대한 전문적인 부모 교육과 상담이 필요하다고 본다.

참고문헌

1. 구자억 외, 《동서양 주요 국가들의 영재교육》, 과학교육사, 2003.

2. 김홍원 외,《영재교육학 원론》, 문음사, 2003.

3. 송상헌,《수학영재 교육의 이해》,《수학영재 교육 프로그램을 위한 수학적 영재성의 정의와 판별의 이론적 고찰》,《대한수학교육학회 논문집》, 1996.

4. 김홍원, 김명숙, 송상헌, 수학영재 판별도구 개발 연구(Ⅰ), 교육개발원 1996.

5. Pendarvis, E. D., Howley, A. A., and Howley, C. B., *The abilities of gifted children*, NJ Prentice Hall, 1990.

6. Renzulli, J. S. "What makes Giftedness? Reexaming a definition", *Phi Delta Kappan*, 60(3), 1978.

7. Robinson, N., *Parenting the very young, gifted child*, The national Research center on the Gifted and Talented, 1993.

과학영재 교육, 그 이상과 꿈의 실현

김홍철(강릉대학교 과학영재교육원장)

◇ 과학영재 교육의 초석을 놓으며

강릉대학교 과학영재교육원이 과학기술부와 한국과학재단의 지정으로 백두대간의 깊은 곳에 힘겹게 둥지를 튼 지 어언 7년여의 세월이 흘러가고 있다. 그간 여러 가지 어려운 여건에서도 교육원은 지역사회의 발전에 이바지하고, 국가의 성장 동력으로서 차세대 과학기술 혁신을 주도할 우수한 과학영재를 발굴·육성하기 위한 교육 시스템 구축, 교육 프로그램 개발과 특성화 프로그램 추진, 이를 위한 연구 역량 결집, 지역사회에 부합하는 좋은 교육 환경 및 여건의 조성을 위해 많은 노력을 기울여 왔다.

그 결과 세월의 덕인지는 몰라도 이제 교육원의 체계도 제법 자리가 잡혀 가며 교육원을 알아봐 주는 분들도 늘어나고, 학생들의 교육에 대한 참여도와 집중도도 눈에 띄게 높아졌을 뿐만 아니라 학부모회도 구성되어 어려운 일에 직접 나서서 도움을 주니 내심 여간 흐뭇하고 든든한 게 아니다.

초창기부터 영동 지역에 과학영재교육원을 유치하기 위해 애써 온 사람으로서 여러 가지 어려움을 돌파하느라 힘든 상황에서도 이러한 긍정적인 변화가 적지 않게 위안이 되고 있는 것이 사실이다.

사실 명분은 좋아도 대학교수가 초·중등학생을 위한 특화된 교육 체계의 개발과 교육과정을 설계하여 수업을 준비하고 강의를 진행한다는 것은 일반인들로서는 상상할 수 없을 만큼 큰 어려움이 있다. 무엇보다 교수들로부터 연구에 쫓기는 바쁜 시간을 쪼개 영재교육에 적극적인 참여와 협조를 이끌어 내는 일이 큰 어려움이었다. 아울러 지역에서도 영재교육에 대한 인식이 전무하여 초기에 과학영재교육원에 대한 홍보차 학교나 기관을 방문하면 무슨 사설 학원 홍보를 나온 사람들인 것처럼 오해를 사기도 하였던 것을 생각하면 금석지감을 금할 수 없다.

특히 2007년에는 과학영재교육원뿐만 아니라 강릉대학교의 모든 이공계 학과와 강원신소재사업단 등 교내 과학 관련 기관들이 공동으로 협의체를 구성하여 '시민과 함께하는 과학기술' 이라는 표어를 내걸고 일주일간 캠퍼스 전역에서 강원사이언스엑스포를 성황리에 개최하여 지역사회에서 과학기술 문화 전도사로서의 역

할을 자임하게 됨으로써 학내·외적으로 교육원의 역할과 위상을 널리 알리는 뜻 깊은 계기가 되어 감회가 남달리 새롭기만 하다.

이제 교육원도 어느덧 제8기생의 선발을 앞두고 바쁜 일정이 기다리고 있다. 이번에는 과연 어떤 학생들과 만나게 될지 선발 과정을 앞두고 분주한 준비와 함께 기대감도 앞선다.

과학영재교육원은 초·중등 과학영재를 선발하여 교육하기 위한 특성화된 교육 주체로서 선발에서부터 교육 및 이를 지원하기 위한 연구 환경의 조성 등 모든 과정에 걸쳐 어느 하나 만만하고 수월한 일이 없다. 그러나 그 중에서도 잠재적 역량을 가진 우수한 영재를 가려내어 그 잠재력을 극대화할 수 있도록 체계적인 맞춤식 교육을 제공하는 것이 다른 어떤 것보다 중요한 요소임은 새삼 말할 필요가 없을 것이다.

◆ 영재성, 그 미로

영재교육의 방향이나 내용은 영재를 어떻게 정의하는가에 따라 크게 좌우될 수 있다는 점을 고려한다면 영재에 관한 분명한 관점을 정립하는 것이 무엇보다 중요할 것이다. 그러나 일반인들이 흔히 생각하듯이 영재성을 단편적으로 지능지수가 높거나, 학업성적이 우수하거나, 어느 분야에 출중한 재주가 있음을 나타낸다고 단정할 수는 없다.

영재란 상위 1%의 우수한 지능을 가진 학생이라는 보편적인 정의에 대해, 학자들은 많은 연구를 통해 이 정의가 영재의 범위를 너무 좁게 제한하고 있다고 주장하고 있다. 하늘에서 내린 선물, 또는 타고난 재주라는 뜻의 영재성(giftedness)은 사회문화적인 요소, 성격적인 특성, 동기 발현 요소 등 보다 복합적인 요인에 의해 결정된다고 보는 것이 타당할 것이다.

영재성의 정의적 특성이나 판별에 관해서는 연구자들마다 다양한 시각이 혼재하고 있다. 인간의 복합적인 잠재적·인지적·행동적 특성을 특정 가치 판단에 의해 단정하는 것은 무모한 일일지도 모른다는 관점에서 보면 이는 일면 당연한 일이다. 그럼에도 불구하고 영재성에 관한 몇 가지 지배적인 가치 중립적인 견해가 존재하는 것이 사실이다. 미국 교육부에서는 영재를 다음과 같이 정의하고 있다.

"영재 또는 재능아란 탁월한 능력이 있어 탁월한 성취를 할 수 있는 아이들이다. 그들이 가지고 있는 잠재력을 개발하여 사회에 공헌하고 자아실현에 도움이 되도록 하기 위해서는 특별한 교육 프로그램이 필요하다. 이들은 일반 지적 능력, 학업 적성, 창의력, 지도력, 예술 적성, 정신운동 능력 등의 영역 가운데 하나 또는 여러 영역에서 탁월한 성취를 보일 수 있다."

그러나 이 정의는 매우 포괄적이어서 영재성의 특성을 제대로 담아 내지 못하고 있다.

교육학적인 관점에서 보면 영재성은 특정 분야에서의 우수한 성취 또는 잠재력, 종합 통찰 능력, 창의성, 협동심, 의사소통 능력, 존중심, 호기심, 제어 능력, 집중력 등 복합적인 요소의 총체라고 할 수 있다.

특히 과학 영역에서 영재성과 연계된 행동 특성은 논리적 사고력, 과제 집착력, 창의력의 상호작용에 의해 결정된다. 논리적 사고력은 분석적·비판적 사고능력을, 과제 집착력은 문제해결을 위한 집중력을, 창의력은 다양하고 독창적인 방법과 아이디어를 통해 문제해결을 위한 산출물을 생산할 수 있는 능력을 포함하고 있다.

여러 조사에 의하면 과학영재는 다소 외향적인 성향을 띠며, 직관적 사고능력이 우수하고, 일반 학생들에 비해 독립적·경쟁적·자기 주도적 참여 학습 양식을 보다 선호하는 것으로 나타났다.

영재에게서 주로 나타나는 특성으로는 다음과 같은 것들을 들 수 있다. 이러한 특성을 이해하는 것은 영재를 찾아내는 것뿐만 아니라 그들의 성격과 특성을 이해하고 지도하고 교육하는 데 도움이 될 것이다.

- 모든 것에 호기심이 많다.
- 권위를 맹신하지 않는다.
- 자기의 의견이 남과 다를 때 더욱 흥미를 느끼고 논쟁을 좋아한다.
- 지적 유희가 있고 공상과 상상을 좋아한다.
- 모험심이 강하다.
- 탐미적이며 추상적인 것을 좋아한다.
- 사실이나 원리를 빨리 파악하며 기억해 낸다.
- 단조로운 일에 쉽게 싫증을 낸다.
- 완전성을 좋아하며 자기 비판적이다.

영재성은 분명 타고난, 또는 하늘이 내린 귀한 선물이다. 그러나 영재는 그 재능 영역만큼 다양하고 이질적인 심리적 특성을 나타내며, 독특한 지적 및 사회적·정서적 특징으로 인해 또래에 비해 현실적인 문제 인식에서 또는 이상적인 과제의 설정이나 주위의 기대감 또는 성취에 대한 욕구 과잉 등으로 또래보다 훨씬 더 심리적인 어려움을 겪기도 한다.

다시 말해서 영재는 자신의 영재성으로 인해 개인적으로 정체성을 정의하는 것이 훨씬 더 복잡해질 개연성이 있다. 그러므로 영재들이 소외감을 갖지 않고 자신의 가치를 구현해 가면서 재능을 꽃피울 수 있도록 세심한 배려와 교육적인 환경 조성이 선행되어야 함은 말할 나위도 없다.

영재가 지닌 잠재력을 발휘할 수 있도록 하기 위해서는 영재의 이러한 특성을 잘 이해하고 있어야 할 뿐만 아니라, 이런 특성이 나타나는 것을 장려하는 분위기를 조성해 주어야 한다.

또한 영재성은 어떤 일정한 연령에서 발현되는 것이 아니고 계속적으로 나타나는 것으로 조사되어 있다. 사실 영재아들은 그들의 정신 연령이나 능력 수준으로 볼 때 유치원 과정에서도 판별해 낼 수 있는 경우가 있다. 그리고 영재로서 위대한 업적을 남긴 인물들은 대부분 아주 어린 나이에 고도로 전문화된 관심을 가지고 있었으며, 그 전문적 관심을 지속적으로 유지할 수 있도록 주위로부터 격려를 받아 왔다는 점은 영재 판별 시기에 많은 시사점을 주고 있다.

영재들은 일반적으로 1~4개 학년 위 상급 학생들의 학력 수준을 가지고 있거나 그들의 교과를 학습할 수 있는 능력을 가지고 있어, 일반적인 학생들을 대상으로 하는 학교 프로그램에 만족하지 못하고 지루해하며, 심지어는 소외감을 느끼는 경우도 있다. 영재 학생들은 신체장애 학생 못지않게 교육에서 소외되고 있는 형편이다. 이러한 환경은 영재들이 지닌 고도의 능력을 사장시키는 결과를 초래하여 국가 발전이나 개인의 성취에 악영향을 미치게 된다.

따라서 영재교육을 위한 환경 조성이나 프로그램의 구성 및 설계에 있어 영재아들의 인지적 능력과 발달 단계 및 영재성의 행동 특성이 적극적으로 고려되어야 한다. 특히 영재아들의 고유한 특성과 잠재력을 체계적으로 발현하고, 영재교육의 목표에 부합되도록 수렴적·확산적 사고능력의 개발, 창의적 문제해결 능력 고취, 자율적 탐구 능력이 신장될 수 있도록 단계별로 교육과정이 설계되고 구성되어야 할 것이다.

◆ 영재교육에 대한 단상

강릉대학교 과학영재교육원이 소재한 강원도 영동 지역은 산업시설과 교육적 여건이 비교적 취약하여 학생들의 성취동기를 유발하고 교육적 경쟁력을 고취하는 것이 지역 발전을 위한 주요 이슈가 되어 왔다.

이에 따라 지역 발전을 이끌어 갈 우수한 인재의 배출이 지역사회의 주요 과제로 대두되어 영재교육원이 설립되기 이전인 1998년부터 강릉문화방송과 협조하여 강원수학올림피아드를 기획하고 시행함은 물론, 과학영재교육원 유치, 강원사이언스엑스포 개최 등 과학 문화의 확산 노력을 통해 영재를 발굴·육성할 교육적 여건과 분위기를 조성하기 위해 많은 노력을 기울여 왔다.

그리고 2001년 과학영재교육원을 유치하고, 일곱 해째 수학 분야의 영재교육을 지도해 오면서 직접적인 교육 경험이나 관찰을 통해 영재아들의 특성에 관해서도 적지 않은 경험을 쌓는 계기가 되었다.

몇 가지 대표적인 사례를 들어 학생들의 영재적 특성의 다양성에 대한 시사점을 찾아보고자 한다.

A군은 영재교육원의 초등부와 중등부 수학 분야 기초과정, 심화과정, 사사과정을 거쳐 강원과학고에 진학하여 2년 과정을 조기 수료한 후 한국과학기술원(KAIST)에 진학한 학생이다. 제2회 전국 중학생 통계경진대회 대상, 제16회 강원도 중학생 수학과학경시대회에서 수학 부문 금상, 제7회 강원수학올림피아드에서 중등부 금상을 수상한 바 있으며, 과학고 재학 중에도 제19회 한국수학올림피아드(KMO)에서 고등부 전국 동상 수상, 2004년도 강

원인재육성재단(이사장 김진선 도지사)으로부터 자연과학 분야 미래 인재로 선정되는 등 그 우수성을 널리 인정받아 왔다.

A군은 외향적이고 활달한 성격으로 발표에 적극 참여할 뿐만 아니라 학생들과도 친화력 있게 잘 어울리는 등 지도자적 기질이 강한 성품을 지니고 있다.

한편 2006년도 강원인재육성재단으로부터 자연과학 분야 미래 인재로 선정된 B군은 과학영재교육원의 초등부 수학과 과학 과정을 거쳐 중등부 수학 분야 기초과정, 심화과정, 사사과정을 이수한 후 한국과학영재학교에 진학한 학생이다.

2002년과 2003년도 한국과학영재올림피아드에서 초등부 대상, 제19회 한국수학올림피아드 중등부 은상 및 동상 수상, 제20회 한국수학올림피아드 중등부 금상 및 은상 수상, 제8회 강원수학올림피아드 중등부 대상, 제18회 강원도 수학과학경시대회 과학 부문 금상 수상 등 우수한 경쟁력을 발휘해 왔다. 한국과학영재학교에 진학한 후에도 제21회 한국수학올림피아드 고등부 장려상을 수상하는 등 우수한 과학도로서의 성장 잠재력을 발휘하고 있다.

B군은 집중력과 성취에 대한 의욕이 매우 강하고, A군과는 달리 침착하고 말수가 적으며 자존심이 센 성격으로, 중 2 때 한국과학영재학교에 지원했다가 2차에 과학 부문에서 고배를 마신 후 대학 과정의 물리 등 과학 분야 서적 등을 탐독하고 이듬해에 재

도전해 한국과학영재학교 진학의 꿈을 이룰 정도로 과제 및 목표에 대한 집착력이 매우 강한 학생으로 인식되고 있다.

마지막으로 C군은 초등학교 저학년 때 정규 학교 수업을 지루해하고 흥미를 느끼지 못해 홈스쿨링과 검정고시로 초·중등 과정을 이수하고, 과학영재교육원 중등부 수학 사사과정을 거쳐 현재 인천과학고에 진학을 앞두고 있는 학생이다. 영재교육원 재학 중 제20회 한국수학올림피아드 중등부 동상 수상, 제21회 한국수학올림피아드 금상 및 동상 수상 등 괄목할 만한 성취도를 보였고, 특히 영재교육에 깊은 애정을 나타냈다.

C군의 성격은 수줍음이 많고 다소 내성적인 경향이 강하며 의사 표현에 서투르지만, 주고받은 메일 등을 통해 확인한 바로는 문장이 절제 있고 예민한 감수성을 지닌 학생으로 파악되고 있다. 특히 C군은 따뜻한 격려에 크게 고무되고 보다 분명한 목표의식을 갖는 듯이 보였다.

이 세 학생의 성격은 이와 같이 상이하지만 세 학생 모두에게서 관찰할 수 있는 공통적인 특성으로는 단편적인 문제풀이에는 무관심하고 복합적인 사고력을 요하는 문제에 보다 깊은 흥미를 느껴 집중하는 경향을 보였다. 특히 문제해결에 있어서 원리 도출과 종합적인 인지 능력, 응용 능력이 탁월하다는 점을 확인할 수 있었다. 또한 단 한 번의 수업 결손도 없었을 정도로 영재교육에 남다른 열성과 흥미를 가지고 있었다는 점을 공통점으로 들 수

Chapter 1
우리 아이도 영재일까

있다.

특정한 재주에 대해서 타고난 신동이라는 등 영재에 관한 사회적 편견과 오류가 존재한다. 영재는 타고난 재능을 가지고 있기 때문에 내버려두어도 저절로 자기 능력을 발휘한다는 것이다. 이는 특히 예체능이나 산술적 재능, 또는 언어 등의 단편적 재능에 대해 자주 회자되는 말이다.

그러나 영재의 잠재적인 능력은 결코 저절로 계발되는 것이 아니다. 그 영재성이 나타날 수 있도록 그것을 분별하고 장려할 수 있는 적절한 사회적 여건이 갖추어져야 한다. 특히 과학영재들에게 있어 필수적인 요소인 논리적·비판적 사고 작용, 자기 주도적인 탐구활동 등을 통한 문제해결에의 참여 등을 체계적으로 경험할 수 있도록 세심한 장치와 교육적 환경을 조성해 주는 것이 급선무임에 틀림없다.

그리고 영재를 사회적으로 희귀한 사람으로 간주하고 고립시키기보다는 영재 역시 일반 학생과 마찬가지로 자신과 사회에 대한 이해와 존중, 독립적인 의사결정과 재능에 맞춘 미래 목표의 설정 등 매우 복잡한 세계에서 자아를 실현하면서 자기 충족감과 분명한 목적의식을 찾을 수 있도록 성숙된 사회 여건이 뒷받침되어야 함은 자명하다.

누나 따라온 초등학생이 과학영재교육원 청강생이 되다

박달원(공주대학교 과학영재교육원 중등수학 지도교수)

그동안 영재교육을 하면서 영재성이 있는 많은 학생들이 기억에 남지만 그 중에서도 특이하게 기억에 남는 한 학생이 있어서 소개하고자 한다.

공주대학교 과학영재교육원에는 충남과 대전 지역의 학생들이 지원할 수 있기 때문에 토요일 출석 수업에는 부모님이 직접 자녀를 데리고 공주로 오는 경우가 많다. 우리 영재교육원에서는 학부모들이 자녀를 기다리는 시간을 활용하여 학부모들을 위한 다양한 특강을 실시하기 때문에 수업이 있는 날이면 많은 학부모들이 대학 교정을 오가는 것을 볼 수 있다.

강 군을 만난 것은 2003년 봄의 어느 날이다. 한 초등학교 학생과 학부형이 연구실을 방문한 적이 있다. 교수의 연구실에는 주로 대학생들이 방문하여 상담을 하거나 전공과 관련하여 질문하는 경우가 많지만 어린 초등학생이 연구실을 찾는 경우는 거의 없는 일이었다.

◆ 호기심 많은 초등학교 4학년생

해맑은 어린아이의 모습에는 순수함과 장난기도 보였지만 이곳저곳 연구실을 둘러보는 걸 보니 상당한 호기심이 있는 학생이라고 짐작할 수 있었다. 학부모와의 상담을 통해 알게 된 사실은, 학생은 초등학교 4학년이고 네 살 위의 누나가 공주대학교 과학영재교육원 중등부 물리반 기초과정에 선발되어 출석 수업이 있는 날이면 모든 식구가 공주대학교를 방문하여 수업이 끝날 때까지 기다린다는 것이었다. 또한 학부모는 작은 아이가 평상시 수학을 너무 좋아하고 어느 면에서는 탁월한 수학적 능력을 보인다며, 수학 기초과정 수업에 초등학생이 청강생으로 참여할 수 있도록 해달라고 부탁하였다.

지도교수 단독으로 결정할 사항이 아니라서 즉답은 못 하였지만 과학영재교육원에 문의하여 수업 참여 여부를 알려 주기로 하고 학생과 헤어졌다. 이후 청강의 경우 지도교수가 판단하여 허락할 수 있다는 과학영재교육원의 방침에 따라 여러 가지 기초 테스트와 면담을 통하여 중등부 수학반 기초과정에서 선배들과

 함께 수업에 참여할 수 있도록 허가하였다.

 강 군은 선수 학습을 체계적으로 받은 학생이 아니기 때문에 수학적인 지식이 많지는 않았지만 수학에 대한 호기심이 많고 공부하고자 하는 의지가 매우 강한 학생이었다. 그러나 4년 선배들과 함께하는 수업에 참여하여 내용을 이해할 수 있을지는 여전히 의문점으로 남아 있었기 때문에 시간을 두고 관찰하기로 하였다.

 강 군이 4년 선배들과 어떻게 어울려서 수업에 참여할 수 있을지 걱정했는데 의외로 선배 학생들이 어린 동생을 잘 받아주었다. 수업시간에 강군은 수학적 지식이 부족하여 문제에 대한 명확한 답을 제시하는 데는 부족한 면이 있었지만 새로운 아이디어와 방법을 찾는 문제에서는 종종 탁월한 능력을 보였다.

Chapter 1
우리 아이도
영재일까

모둠별로 토의하여 문제를 해결하게 하고 나중에 모둠별로 발표하는 수업이 있었다. 문제를 해결하는 방법이 남달라서 누가 이 방법을 제시하였냐고 물은 적이 있었는데 강 군이 문제해결의 실마리 아이디어를 냈다는 이야기를 듣고 놀란 적이 있었다.

모든 문제에서 강 군이 탁월한 능력을 보인 것은 아니지만 경우에 따라 번뜩이는 창의적 아이디어를 내곤 하였다. 그 아이디어는 보통 학생들과 달리 자신이 스스로 만든 수학적인 원리가 담겨 있는 독특한 문제해결 방식이었다.

보통 창의적 문제해결력이라 함은 낯선 문제 상황에 직면하였을 때 알고 있는 지식, 원리, 문제해결 방법을 새롭게 재조직·재구성하여 새로운 지식이나 원리, 문제해결 방법을 창안한 다음, 이를 활용하여 문제를 해결하는 능력을 말하는데 이러한 특성을 잘 나타내는 학생이었다. 강 군의 누나가 부산영재학교에 진학하였는데 소문에 의하면 누나의 과제 해결에 동생이 많은 도움을 주었다고 한다.

보통 영재 학생들의 단점으로 인간관계가 원활하지 못하다는 이야기를 많이 한다. 이는 공동 연구가 효율적인 방향으로 진행되지 못하는 요인으로 작용하기 때문에, 이를 해결하기 위해 영재 학생들의 수업에서는 공동으로 문제를 해결하는 프로그램을 자주 도입하고 있다.

강 군은 초등학교 4학년이지만 같이 수업을 받는 중학교 형들과의 관계도 원활했던 것으로 기억된다. 쉬는 시간에도 형들과 잘 어울리고 함께 문제를 해결하는 학생이었다.

물론 아직 어린 초등학생이라서 수업시간에 까불기도 하고 장시간 진행되는 수업에서는 흥미를 느끼지 못하고 집중력이 떨어지는 경우도 있었지만, 어려운 개념을 쉽게 이해하고 수학을 좋아하는 강 군의 모습에 교수님들은 칭찬을 아끼지 않았다.

◆ 아이의 영재성에 더한 부모의 열정

또 하나 기억에 남는 부분은 부모님이 참으로 열성적이었다는 것이다. 부모님이 지도교수를 찾아와 학생이 지금까지 공부해 온 과정과 정도를 상세하게 설명하고 수시로 의견을 나눴다는 점이다. 출석 수업 때마다 항상 아이들을 데리고 공주대학교 과학영재교육원에 모습을 나타내는 부모님의 모습에서 교육에 대한 열성을 확인할 수 있었다.

강 군은 초등학교 4~5학년까지 중등부 수학반 기초과정과 심화과정을 청강하고 우리 영재교육원을 떠났지만, 청강생으로 수업에 참여했기 때문에 수료증을 줄 수 없어 지도교수로서는 안타까운 심정을 가지고 있었다.

2007년 여름방학에 강 군이 부모님과 함께 연구실을 방문하여 그동안의 소식을 듣게 되었다. 그동안 우리 영재교육원에서 청강생 자격이었지만 선배들과 함께 공부한 것이 기억에 남고 많은 도움이 된다는 강 군의 이야기를 듣고 이곳에서 공부하는 동안 큰 도움을 주지 못한 미안함을 강 군과 부모님에게 전달하였다.

이후 강 군이 부산영재학교에 지원하여 합격하였다는 반가운 소식을 들었다. 수학을 좋아하고 사랑하고 수학적 사고를 즐기는 학생이기에 강 군이 어떤 분야를 선택하든지 그 분야에서 탁월한 업적을 남길 학자로서의 좋은 소양을 지녔다고 본다.

무한한 호기심과 열정을 가지고 배우기를 원하는 영재 학생들의 자질을 함양시킬 수 있는 체계적인 영재교육 지원 체제가 더욱 확립되기를 희망한다.

영재 어머니들과의 편지 교환

강완(서울교육대학교 과학영재교육원 운영위원)

많은 부모들이 자신의 자녀가 영재가 아닐까 하는 기대를 지니고 있다. 영재아가 부모의 기대만으로 생겨나는 것은 아니다. 자녀가 보이는 행동을 잘 이해하고 용기를 북돋아 주는 것이 중요하지만, 그러면 그럴수록 자녀에 대한 기대가 풍선처럼 부풀어 오르는 것을 주체할 수 없는 경우도 많은 것 같다.

실제로 부모들은 자녀에 대해 어떠한 것을 바라고 있을까? 그리고 그러한 부모에게 어떠한 권유를 해주는 것이 좋을까? 과학영재교육원 지도교수로서 그동안 주고받았던 전자메일 중 몇 가지를 공개해 보면 이러한 의문에 조금이라도 도움이 되지 않을까 하는 생각이 들었다.

2003년 5월 3일

안녕하세요.

저는 제기동에 사는 9살 난 딸(이○○)을 둔 엄마 최○○입니다. 딸은 조기 입학(1995년 7월생)을 하여 초등학교 3학년입니다. 지금껏 학원과 개인 수업을 받아 본 적은 없어요.

○○○영재센터(2001년 12월)에서 0.1% 안에 든다며 특별 관리를 하고 싶다고 말하더군요. 하지만 그곳에서 교육을 받지는 않았습니다. 제 나름대로 결정하여 다른 영재원에서 교육(2001년 3월부터 2003년 2월까지)을 받았습니다. 하지만 그곳 영재원 반 아이들하고도 차이가 나서 그곳 선생님께서는 항상 우리 아이에게만 다른 과제물을 내주셨고, 같은 부류의 아이들과도 서로 대화가 없어서 지금은 그곳을 그만두고 학교 생활만 하고 있습니다.

다름이 아니오라 이번에 서울 북부교육청에서 영재학교를 신설해 영재 학생을 모집한다는 소식을 학교 선생님으로부터 듣고 접수하려고 했으나 학년에 제한이 있어 접수를 하지 못했습니다. 항상 학년과 나이에 걸려 교육을 받지 못하는 것이 좀 속상하더군요. 학교 선생님께서는 서울교대를 나왔다는 말씀을 하시며 서울대 과학영재교육원에 상담을 해보라고 하셨어요.

우리 아이는 현재 오로지 책만 읽습니다. 작년에 중 1 수학을 혼자 풀기에 제가 그것을 하지 말라고 하였습니다. (물론 초등학교 1학년 때 ○○수학 시리즈로 6학년 것까지 모두 풀었습니다. 그리고 ○

○○출판사에서 나온《문제해결의 길잡이》도 6학년 것까지 모두 풀었습니다.) 모두 풀었다고 해서 다 맞는 것은 아니고, 스스로 풀고 틀린 것은 고치는 방법으로 하고 있었는데 학교 수업이 더 재미없어질까 봐 오로지 책 읽는 것만 허용했습니다.

　수학을 전공하신 분이시고 워낙 뛰어난 학생들을 많이 다루시니 답변을 부탁드려요.

　계속 자기 방식대로 수학을 이해하고 푸는 아이에게 수학 문제를 제공해 주는 것이 좋은 건지, 아니라면 어떻게 해야 하는지 알려 주세요.

　이곳(서울교대 과학교육원)에도 학년이 걸려 원서를 내지 못했습니다. 학년이 올라갈 때까지 마냥 기다리자니 좀 답답하고, 또한 부모로서 학교 생활만 하라고 하는 것은 너무 무책임한 것 같아요. 교수님이 생각하시기에 우리 아이가 그렇게 놀랄 만한 영재성이 있는 것은 아닐지도 모르겠지만 수학을 할 때 가장 행복을 느낀다고 합니다.

　제 큰 희망은 우리 아이가 이곳 교육원에서 교육받는 것입니다. 물론 다음 학기에 원서를 내어 실력으로 합격해야 가능하다는 것은 알고 있습니다. 그 다음은 우리 아이에게 맞는 교육은 어떻게 하는 것이 좋은지 교수님께서 짤막한 답변이라도 해주시는 것입니다. 제 메일 주소는 ○○○@○○○입니다.

　두서없이 썼습니다만 이해해 주시고 꼭 답변 부탁드립니다.

오늘도 행복하시고 늘 즐거운 하루하루 보내세요.

안녕히 계세요. 제기동 최○○입니다.

2003년 5월 3일

메일 주셔서 감사합니다.

현재 3학년이면 내년 2월에 실시될 예정인 서울교육대학교 과학영재교육원 신입생 모집에 지원할 자격이 있습니다. 간혹 일부 초등학교에 서울교대 과학영재교육원 신입생 모집 안내가 잘 전달되지 않는 사례가 있으니, 미리 ○○이가 다니는 학교의 담임 선생님과 교장 선생님께 "내년 2월에 서울교대 과학영재교육원에 지원하고 싶다"고 말씀드려 두는 것이 좋을 것 같습니다. 또한 달 전인 1월경부터는 서울교대 과학영재교육원 홈페이지를 유심히 살펴보시기 바랍니다.

중학교 1학년 수학을 혼자 풀 수 있을 정도라면 대단한 능력이라고 생각됩니다. 학교 수업에 흥미를 잃을까 봐 중학교 수학을 하지 말라고 하실 필요는 없습니다. 선행학습이 무조건 나쁜 것만은 아닙니다. 나쁜 것은 수학적 의미를 생각하지 않은 채 공식에 매달리게 되는 경우입니다. 어떤 것이든 본인이 흥미를 느끼고 도전해 보고 싶어한다면 허락하시고 지켜보는 것이 좋을 것 같습니다.

강완

2003년 6월 24일

안녕하세요?

저는 2003년 교대 영재센터의 2차 시험까지 합격했던 초등학교 5학년의 엄마입니다. 영재 판별을 받아 본 적도, 교육을 받아 본 적도 없이 무작정 시험만 치게 하여 무척 후회가 됩니다. 다른 아이들은 내로라하는 학원에서 고등수학까지 선행학습도 하고 창의력이다 뭐다 해서 갈고닦아 시험을 쳤다는데 너무 무모하게 시험만 치게 해서 아이에게 실망만 심어 줬나 싶어 가슴이 아프답니다.

그래서 다음을 위해 저희 아이가 무엇이 부족해서 떨어졌는지 알고 싶습니다. 알 수 있는 방법이 없는지요? 그리고 올해 떨어졌으면 영재성이 없기 때문에 다음해에 또 시험을 쳐도 가능성이 없는 것일까요? 영재성은 타고나야 한다는 저의 생각이 맞는 것일까요?

아이에게 어떻게 해주어야 옳은 일인지 몰라 몇 자 올립니다.

수학경시는 아이의 창의성에 도움이 될까요? 만일 수학경시를 하는 것이 좋다면 몇 개 학년을 뛰어넘는 선행학습이 필요할까요?

늦된 부모를 만나 좋은 혜택을 놓친 것은 아닐까 걱정스럽습니다. 답답한 저의 마음을 열어 주시길 기대하면서 이만 줄이겠습니다. 안녕히 계세요.

2003년 6월 24일

영재성을 판별하는 것은 전문가들조차도 매우 어렵게 생각하는 문제입니다. 영재성이 타고나는 것인지, 훈련을 통해 키워지는 것인지조차 아직 불분명합니다.

또 영재성이 언제 발현되는지도 정확히 말하기 어렵습니다. 5, 6세나 그 이전에 보일 수도 있지만, 청소년기에 발휘될 수도 있고, 바이어스트라스 같은 수학자는 40대가 되어서야 빛을 발하기 시작했던 것을 보면 영재성의 발현 시기도 도저히 종잡을 수 없습니다. 다만 현실적으로 주어진 상황을 잘 이해하고 받아들여야 합니다.

1. 정부에서 지원하는 영재교육 사업은 영재 발굴과 양성의 성공 가능성을 확률적으로 높이자는 의도일 뿐입니다. 그러니 이러한 영재 선발 과정에서 탈락하였다고 영재가 아니라고 말할 수 없고, 선발되었다고 해서 영재라는 보장도 없습니다. 다만 미래의 성공 가능성을 확률적으로 높여 보자는 것뿐입니다. 예를 들어 현재 매년 100명씩 선발하는데 이것을 매년 10만 명씩 선발하는 것으로 증원한다면 영재 발굴의 가능성이 더 높기는 하겠지요. 우리나라의 경제가 풍부해져서 더 많은 학생들에게 영재교육의 혜택이 돌아가길 희망합니다.

2. 정부에서 지원을 어떻게 하든 중요한 것은 학부모의 이해와 현명한 인내심입니다. 영재교육의 혜택을 받으면 물론 좋아 보이긴 하지만, 그것이 꼭 영재로서의 성공 가능성을 보장하는 것은 아닙니다. 아무런 좌절의 경험도 없이 온실 속의 화초같이 자란 영재가 성공했다는 이야기를 들어 본 일이 없습니다. 또 설령 그렇다 한들 그것은 아무런 감동도 자아낼 수 없을 것입니다.

'늦된 부모를 만나 좋은 혜택을 놓친 것은 아닐까' 하고 후회하시는 것은 그다지 현명한 생각이 아닙니다. 늦된 부모처럼 보여서 오히려 영재성을 자극할 수도 있고, 교대 영재센터의 교육 기회가 모든 아이에게 최선의 혜택일 수도 없습니다.

무엇보다도 영재성의 발현이 꼭 초등학교 5학년 때만 이루어진

chapter 1
우리 아이도
영재일까

다는 생각은 너무 편협한 것이 아닐까요? 중학교 시절도 있고, 고등학교 시절도 있고, 대학교, 대학원 등도 있습니다. 지난번 일본의 평범한 회사원이 노벨상을 타는 것 보셨지요? 그 사람 어린 시절에 그가 노벨상을 탈 것이라고 누가 예언할 수 있었겠습니까? 수많은 도쿄대학 수재들을 보고는 노벨상 운운하던 사람들은 많았겠지요.

학원에서 갈고닦아서 영재센터 합격했다고요? 이곳 영재교육 담당자로서 저는 제발 그런 학생들은 영재센터에 합격되지 않기를 희망하고 있고, 실제로 시험 문제도 그렇게 출제하고 있습니다. 물론 선행학습 같은 훈련을 잘 소화해 내는 것도 능력일 수는 있지만, 우리는 보다 근원적인 재능을 발굴하기를 희망하고 있습니다. 그러니 훈련을 열심히 하면 영재성이 개발될 것이라는 생각은 접어 두시는 것이 좋을 것 같습니다.

쉽게 말해서 100시간 훈련해서 100점 받은 학생과 1시간 훈련해서 100점 받은 학생이 있다면, 누가 더 영재에 가깝다고 말할 수 있겠습니까?

소위 사설 영재학원에서 훈련받아 억지로 합격한 학생들이 더러 보이긴 합니다만, 이곳에서 1년간 교육받는 모습을 지켜보면 티가 납니다. 우리는 훈련을 통한 민첩성보다는 타고난 재능의 자연스러운 발현을 도모하고 있거든요. 그러니 교육 내용도 훈련보다는 창의성 위주의 활동입니다. 그런데 학원에 익숙한 학생들은 그러한 활동을 할 때 어눌하고 쩔쩔매는 모습을 드러내는 것을 금세 알 수 있거든요. 안타까울 뿐입니다.

답답하신 마음에 어느 정도 도움이 되었는지 모르겠습니다.

가장 먼저 선행되어야 할 비결은 영재의 부모, 특히 어머니가 현명해져야 한다는 생각입니다.

멀리 내다보시고, 넓게 생각하시고, 큰 그림을 그려 보시기 바랍니다.

강완

2006년 6월 14일

안녕하세요, 교수님?

홈페이지에서 메일 주소 보고 바쁘신 줄 알지만 이렇게 염치없이 메일 드립니다.

저희 집 아이에게 맞는 영재교육원이 없을까 해서 질문합니다. 저희 집 막내는 1998년 12월 3일생입니다. 남달리 수학을 좋아하고 혼자서 수학 교과서를 풉니다. 최근에는 6학년 누나의 수학 교과서를 혼자서 풀었습니다.

제가 느끼는 다른 아이들과의 차이점은 궁금한 것이 있으면 책을 찾아본다는 것입니다. 한문 공부도 혼자 하는데 왜 글자가 그렇게 생겼는지 이해가 안 되면 부수를 찾아봅니다.

가끔 누나의 올림피아드 문제집도 풉니다. 사실 위로 두 누나 따라다니느라고 막내 공부에는 신경을 못 쓰고 있습니다만 부모가 무지해서 아이의 재능을 제대로 키워 주지 못하고 평범한 아이로 만들고 있지는 않은지 걱정입니다.

여기저기 인터넷을 뒤져 보아도 최소 초등학교 4학년은 되어야 영재교육원에 지원할 수 있도록 되어 있더군요. 혹시 저희 아이가 테스트를 치르고 교육받을 수 있는 교육기관은 없을지요?

참고로 저희 아이는 2003년부터 2005년 10월까지 미국에 있었습니다. 그때 유치원에 다녔는데 유치원에서 별다른 공부를 시키지 않아도 부모가 느끼기에 아이가 충분한 지적 자극을 받았던 것 같습니다. 하지만 한국에 돌아와서는 별로 그런 것 같지 않아서 걱정입니다. 아직 한국말은 약간 서툽니다. 받아쓰기는 70점 정도 받습니다.

물론 부모의 생각과는 다르게 아이가 범재일 수도 있음을 충분히 이해합니다.

바쁘시겠지만 조언 부탁드립니다.

감사합니다.

2006년 6월 14일

안녕하세요.

선생님의 자녀도 영재의 자질을 충분히 갖추었다고 생각합니다. 영재냐 둔재냐 하는 것이 어느 선을 기준으로 딱 갈라진다기보다는 긴 스펙트럼상에서 어느 정도에 위치하느냐 하는 문제로 보아야 하고, 또 당시의 시대적·사회적 영향을 고려한 상대적인 문제이므로 신중하게 접근하시기를 권합니다.

  초등학교 4학년 이전의 아동을 대상으로 한 공식적인 영재 교육기관은 없습니다. 또 예체능 계열이 아닌 경우 영재교육의 내용을 수학이나 과학 등 특정 분야로 한정 짓기에는 좀 이른 시기입니다. 일단은 정상적인 학교 생활을 통해서 모든 분야의 지식을 두루 접해 보도록 하시기 바랍니다.

  수학에 재능을 보일 경우 여러 가지 수학 문제를 많이 풀어 보게 하십시오. 되도록이면 자신의 풀이를 기록으로 남겨 두도록 부모님이 도와주시면 좋습니다. 고등학교 수학 문제를 어려움 없이 풀 수 있을 정도가 되면 수학과 교수님이나 전문가를 찾아 의논해 보시기 바랍니다.

강완

2006년 10월 18일

  저는 4학년 아이의 엄마예요. 저희 아이가 어렸을 때부터 수학에 남다른 것 같다는 느낌이 들어서 서울교대 과학영재교육원에 지망하고자 합니다.

  홈페이지에 교수님 메일 주소가 있기에 초면에 죄송하지만 문의드립니다. 얼마 남지 않은 기간 동안 어떻게 수학 문제를 풀게

chapter 1
우리 아이도
영재일까

해야 할지 고민이 되어서요.

　선행학습은 3년 정도 되어 있고요. 수학책을 상당히 좋아합니다. 역사나 창작물은 별로 안 좋아해도 수학책은 손에서 놓지 않을 정도예요.

　선행 심화로 공부시켜야 할지, 사고력 쪽으로 해야 할지 전혀 감이 잡히지 않아 이렇게 문의드려요.

2006년 10월 18일
두 방향 다 필요합니다.

강완

2007년 10월 15일
안녕하세요, 강완 교수님.

　마땅히 상의할 곳이 없어 서울교대 과학영재교육원에서 수학도서 추천해 주신 것을 보고 초면에 염치불구하고 메일 드립니다.

　저는 초등학교 3학년 남자 아이를 둔 엄마입니다. 어렸을 적부터 수학에 남다른 아이를 보면서 그냥 막연히 재미있어 하고 남들보다 조금 더 좋아하는 정도라고 생각했습니다.

　그러나 아이가 점점 커가면서 수학에 대한 갈증과 욕구가 더 높아지는 것을 보고 수학에 재능을 타고났다면 그쪽 방면으로 이끌어 줘야 하는 것이 부모의 몫이라고 생각했습니다.

그래서 교수님께서 추천해 주신 책들과 다른 종류의 수학 도서들을 읽히기 시작했습니다. 어려운 문제가 나오면 재미있어 하고, 본인의 욕심으로 이것저것 문제도 열심히 풀어 봅니다.

그러던 와중에 지인으로부터 훌륭한 가르침을 받을 수 있는 대학 부설 영재교육원에 한번 보내 보라는 얘기를 들었습니다.

주변에 수많은 영재교육원 대비반이 있는데, 그곳에 하루에 세 시간씩 일주일에 두 번 보내 준비를 해서 영재교육원에 보내고 싶지는 않더군요.

아이가 진짜 좋아하는 것은 수학이지, 영재교육원 대비 기출문제나 선행학습 등 일률적인 공부는 아닌 것 같습니다.

그래서 부모의 입장에서 고민을 많이 하던 중 몇 가지 여쭙고자 합니다.

1. 학원을 다니지 않고도 서울교대 과학영재교육원에 들어가는 학생들이 많이 있는지요?

2. 선행학습을 하지 않고 깊이 있는 수학 공부만으로도 지필고사를 커버할 수 있는지요?

3. 영재교육원에 못 들어가도 영재성을 키워 줄 수 있는 방법은 어떤 것들이 있을까요?

우리나라에서는 필드상을 탄 사람이 없는데, 본인이 열심히 공부해서 우리나라 최초로 필드상을 타보고 싶다는 아이를 보면서 우리나라의 미래는 밝다는 생각을 해보았습니다.

바쁘시겠지만 교수님의 답변 기다리겠습니다.

감사합니다.

○○초등학교 3학년 윤○○ 엄마 드림

2007년 10월 15일

질문 주셔서 감사합니다. 질문에 대한 답변입니다.

1. 서울교대 과학영재교육원은 지원율이 높고 경쟁이 심하다 보니 이곳에 합격하기 위해 학원에 다니는 학생들이 많지만 학원에 다니지 않는 학생들도 종종 있습니다. 나중에 보면 학원에 다니지 않은 학생들이 더 두각을 드러내는 경우가 많습니다.

2. 선행학습은 무리하게 본인의 학습 능력을 벗어날 때 문제가 되는 것이지, 본인 스스로 공부가 재미있어서 하는 선행학습은 전혀 나쁜 것이 아닙니다. 또 어느 정도 선행학습을 해둔 아이라야 경쟁을 뚫고 합격할 수 있습니다.

3. 영재교육원과 같은 교육 프로그램을 접해 보는 것이 아무래도 도움이 됩니다. 물론 영재교육원에 못 들어가도 계속 수학에 흥미를 가지고 꾸준히 공부하면 기회가 올 수 있습니다. 현재 초등학교 3학년이면 올가을부터 내년, 내후년까지 초등 영재반 응시가 가능하고, 또 중학교에 올라가서 지원하셔도 됩니다.

강완

2007년 10월 15일

강완 교수님, 바쁘신 와중에도 자세히 답변 주셔서 감사합니다.

아이가 가진 능력이 묻히지 않도록 많은 것을 듣고, 보고, 경험할 수 있도록 열심히 노력해 보겠습니다.

아직 시간과 기회가 많은 초등학교 3학년이니 말씀하신 올가을부터 응시해 보도록 하겠습니다.

기회가 되면 좋은 소식으로 교수님을 뵙도록 하겠습니다.

아름다운 가을에 건강과 행복이 가득하시길 바랍니다.

감사합니다.

○○초등학교 3학년 윤○○ 엄마 드림

실제로 수학영재아들은 어떠한 생각을 하면서 자신의 수학적 호기심을 해결해 나갈까 궁금해하시는 분들을 위해, 초등학교 3학년이던 ○○ 군과 주고받았던 이메일을 소개하고 글을 마칠까 한다.

2003년 5월 9일

교수님, 안녕하세요? 휴일을 어떻게 보내셨어요?

저는 놀이공원에 가서 롤러코스터를 신나게 탔습니다.

제가 롤러코스터에 관한 과학 독후감을 쓴 적이 있기 때문에 궁금한 게 있는데요. 롤러코스터를 사이클로이드 형태로 만들고 그

걸 땅 속으로 남북한이 연결되게 무동력 롤러코스터를 만들면 어떨까 생각을 해보았습니다.

어느 물리책을 보니까 마찰, 공기저항 등을 무시했을 때 500km를 땅 속 사이클로이드 모양으로 만들면 최저점에 도달하는 시간이 10분 정도 걸린다고 나와 있었습니다.

그래서 그것을 계산하는 방법을 제가 종종 귀찮게 하는 권○○ 박사님께 알려 달라고 여쭤 보니까 그것은 대학 1학년 미적분과 2학년 미분방정식을 공부해야 한다고 말씀하셔서, 그렇다면 500km를 한 번의 사이클로이드 곡선으로 만들지 않고 4번 정도로 나누어서 땅을 판다면(그림 참조) 깊이 파지 않아도 되니까 속도를 비교했을 때 과연 같을까 하는 것이 궁금합니다.

U(X)−UUUU(O)

만약 다르다면 어떤 것이 더 빠른지 가르쳐 주세요.

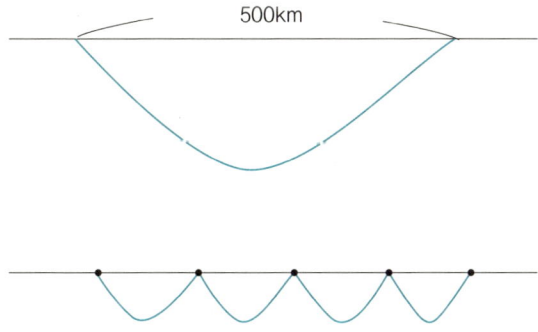

2003년 5월 10일

흠, 재미있는 문제입니다.

사이클로이드 레일의 최저점에 도달하는 시간은 사이클로이드를 만드는 원의 반지름을 r이라고 할 때 r의 제곱근에 비례합니다. 다시 말하면 2배 큰 원으로 만든 사이클로이드에서는 최저점에 도달하는 시간이 처음 경우보다 더 걸리기는 하지만, 2배가 아니고 루트 2배가 된다는 것이지요.

반대로 원을 2분의 1로 축소해서 사이클로이드를 만들면 시간이 루트(2분의 1) 배 걸리지만, 거리는 절반이니 그것을 2배 해야 하겠고, 그러면 처음보다 시간이 약간 더 걸리겠네요. 그러니까 사이클로이드를 4분의 1로 축소해서 그것 4개를 이어 놓을 경우는 4 × 루트(4분의 1)=2, 즉 최저점에 도달하는 시간이 2배로 늘어날 것 같네요.

강완

Chapter

2

과학영재교육원의 하루

경남대 과학영재교육원 원생들의 생활

손진우(경남대학교 과학영재교육원장)

너무나 맑은 가을 하늘! 어느 인간이 이 하늘의 색을 창조할 수 있을까?

경남대학교 과학영재교육원은 1998년 개원 이래 영롱하게 맑은 과학영재들을 배출하기 위해 많은 노력을 해오고 있다.

◆ 여름·겨울방학 동안 집중교육

경남대학교 과학영재교육원은 여름방학과 겨울방학 동안의 집중교육 기간에는 학교 기숙사인 학생생활관에서 조교 선생님들이 학생들과 같이 기숙하면서 형, 언니, 누나, 오빠와 같은 관계를 유지하여 학생들의 생활 지도가 원만하게 해결되는 것을 볼 수

있었다.

집중교육 기간에는 과제 내용을 집중적으로 다룰 수 있어 일선 학교에서 접근할 수 없는 심도 있는 내용을 학습할 수 있고, 소수의 강사가 한 주제로 여러 시간 실험을 하거나 과제를 다룰 수 있어 깊이 있는 주제에도 접근할 수 있었다. 저녁 시간대는 특강을 주로 하며 학생들의 인성교육을 위한 시간으로 편성하였다. 또한 음악교육과 교수와 미술교육과 교수를 초빙하여 과학을 공부하는 학생들의 음악적 · 예술적 소양을 높일 수 있도록 하였다.

특히 '음악 속의 수학', '문신 조각의 수학적 대칭성과 조각 예술의 감상법', '클래식 음악 속의 과학' 등은 과학영재들에게 과

chapter 2
과학영재교육원의 하루

학과 예술의 세계가 멀리 있지 않다는 것을 보여 준 아주 좋은 특강 주제로 생각된다.

수년 전에는 학생들과 학부모들의 요구로 서양의 교재를 가지고 학생들과 조교들이 서로 읽고 토론하는 방식으로 저녁 일과를 편성해 보기도 하였으나, 학생들의 영어 실력이 다소 모자라 이 방식은 1년 정도만 지속되었다. 마지막 날 저녁에 전공 반별 노래자랑 등 이벤트 행사를 해보기도 했으나, 행사 후 학생들의 통제에 어려움이 발생하였다. 행사 후 반별로 대학교 주변에 위치한 노래연습장 등으로 무단 외출하는 사례가 발생하여 이런 이벤트 행사도 오래 지속되지 못한 점이 아쉽다.

집중교육 때 반에 따라서는 현장학습, 체험학습 등을 실시하기도 한다. 생물반의 진주 반성수목원 탐방, 창원 주남저수지 철새 탐조활동, 지구과학반의 고성 공룡 발자국 터 탐구학습, 물리반의 하동 화력발전소 견학, 고리 원자력발전소 견학 등은 현장학습의 좋은 예라고 볼 수 있다.

집중교육의 마지막 날 오후는 반에 따라서 장기자랑 등 이벤트성 행사를 하기도 한다. 또는 일주일간의 학습 성과물을 발표하거나, 수학반은 창의성 테스트를 하기도 한다.

주말교육은 격주로 토요일 오후 4시부터 7시까지 테마 중심으로 하고, 각 테마들이 서로 연계성이 있도록 수업 주제를 설정하고 있다. 경남대학교 과학영재교육원에서는 4월부터 수업이 시작되고, 1년 수업 후 수료증이 수여된다.

◆ 독특한 프로그램 KEP 과정

중등은 자연스럽게 2년차로 승급하고, 경남대학교만의 독특한 프로그램으로 pre-R&E 과정으로 볼 수 있는 KEP(knowledge enrichment program) 과정을 운영하고 있다. KEP 과정은 현대 학문의 조류인 학문간의 퓨전을 조기에 학생들이 자연스럽게 접하게 하는 효과가 컸고, 사사교육 과정의 과제를 선택하는 길잡이 역할도 하는 것으로 판명되었다. 예를 들어 물리반 학생이 이따금 수학반 사사 과제를 선택하기도 하고 물리반 학생이 화학반의 사사 과제를 신청하기도 하는 예가 있어 원활한 사사과정을 운영하는 데 매우 바람직한 것으로 생각된다.

사사과정은 보통 8월부터 시작되어 다음해 2월까지 지속되는데 2월 하순경 수료식 날 오전부터 성과물 발표회를 학부모, 대학 관계자 및 과학영재교육원 지도교수 등이 참석한 가운데 축제 분위기로 진행하고, 오후 늦게 수료식을 가져 식이 끝나면 저녁에 가족잔치가 되도록 하고 있다.

영재교육원 입학식에는 학부모를 초청하고, 학부모 특강을 원장 주재로 실시하며, 학부모회를 구성하여 주말에 학생들이 원에 나올 때 카풀 등을 통해 학부모 사이의 연계를 도와주고 있다. 연중 2~3회 학부모를 위한 특강을 실시하고 있으며, 주말에는 원장 또는 지도교수와의 대화의 시간을 마련하고, 학부모들과의 상담을 상시화하고 있다. 특히 영재교육원 행정실 근처에 학부모들의 편의를 위해 학부모 대기실을 설치하여 원생을 데리고 온 학부모들에게 휴식 공간을 제공하고 있다.

영재교육원에 몸담은 지 9년이 되어 가고 있는 나로서는 특히 학부모들과의 대화 시간을 가장 소중히 생각하고 있다. 나 자신도 두 자녀 모두 대학을 졸업시킨 선배 경험자로서 학부모들과의 면담 및 상담에서 유용한 경험을 들려줄 수 있는 기회가 주어진 것을 매우 고맙게 생각하며 적극적으로 임하고 있다.

초창기(1998년)부터 과학영재교육원 수학반 지도교수로 활동했고, 지금은 원장으로 과학영재 교육 일선에서의 경험을 소중히 생각하고 있다. 이런 기회를 마련해 준 과학기술부 관계자께도 경의를 표한다.

초창기에 내가 지도한 수학반 학생들의 대다수가 지금은 수학을 전공하고 있지 않지만 나는 이를 매우 바람직하게 생각한다. 수학은 여러 학문의 기초가 되어 큰 나무로 자라게 할 자양분 역할을 충분히 하고 있다고 생각하기 때문이다.

초창기에 내가 멘토(mentor)로 지도한 학생 중 한 명은 현재 미국 MIT 대학원에서 생물물리학(biophysics)을 전공하고 있다고 학생 부모로부터 들었다. 또 한 명은 미국 퍼듀(Purdue) 대학원에서 전기전자를 전공하고 있다고 역시 학생의 부모로부터 들었다. 이 두 학문은 튼튼한 수학의 바탕 위에서만 크게 꽃필 수 있다고 믿는다.

과학영재 교육의 업무에서 떠난다 해도 나의 이 소중한 경험은 앞으로의 생활에 활력소가 될 것이며, 경남대학교 과학영재교육원을 수료한 많은 과학영재들이 성장하는 모습을 바라보는 것만으로도 행복할 것이다.

모든 과학영재교육원의 영원한 발전을 기원하며 경남대학교 과학영재교육원이 우리나라 과학 발전의 초석이 되고자 한다. 교육과학기술부와 한국과학재단 관계자의 건승을 빈다.

chapter 2
과학영재교육원의
하루

강원대 과학영재교육원의 특별활동

조영신(강원대학교 과학영재교육원장)

 각 시도에 설치된 25개의 과학영재교육원이 나름대로의 교육 프로그램을 운영하면서 과학영재들을 교육하고 있다. 이번 기회를 통해 강원대학교 과학영재교육원이 2007년에 과학영재 교육의 활성화를 위해 새롭게 개발하여 시도하고 있는 프로그램인 자기 주도학습, 자율연구, 그리고 통합 현장학습 프로그램을 소개하고자 한다.
 대부분 과학영재교육원의 교육 과정은 연간 총 100시간 안팎으로 수업이 진행되고 있다. 사실 대부분의 과학영재 전문가들은 연 100시간에 과학영재를 교육한다는 것이 무리라는 것에 동의하지만, 여러 가지 여건상 현재로서는 모든 과학영재교육원이 안고 있는 현실이기도 하다.
 또한 과학영재 교육의 특성상 학생 스스로 호기심이 발동하여 창의적으로 사고하고 탐구하는 능력과 태도를 함양하도록 기회를 주는 것이 중요하지만, 제한된 시간으로 이와 같은 교육을 담아 내기란 무리가 아닐 수 없다.

이에 본 교육원에서는 학기 중에 학생 스스로 학습에 참여하면서 창의력과 탐구력을 높일 수 있는 자기 주도 학습 프로그램을 개발하여 정기 수업 외에 2007년 봄 학기부터 적용하고 있다. 자기 주도 학습 프로그램은 독서, 탐구활동, 그리고 과학사 파노라마 등으로 구성되어 있다.

학생들이 교수의 지도 아래 주어진 범위에서만 탐구하는 것이 아니라, 실제 과학자들이 연구를 수행하는 과정을 직접 체험하여 과학자로서의 자질과 소양을 개발할 수 있는 자율연구 프로그램도 2007년에 시도하였다.

학생들은 먼저 연구할 주제를 정하고, 이 연구를 진행하기 위한 연구계획서를 작성한다. 자율연구팀에는 일정 예산을 배당하여 학생들이 연구계획서에 예산 계획도 수립하고, 직접 예산도 집행하는 등의 모든 연구 진행이 포함된다. 이와 같은 자율연구 프로그램을 통해 학생들은 과학자로서의 연구 과정을 모두 직접 경험하게 된다.

과학영재들이 과학의 여러 분야를 아울러 어떤 주제에 통합적으로 접근할 수 있도록 돕되, 특히 자연의 신비로움을 직접 체험하면서 팀별로 팀워크를 발휘할 수 있는 통합 현장학습 프로그램

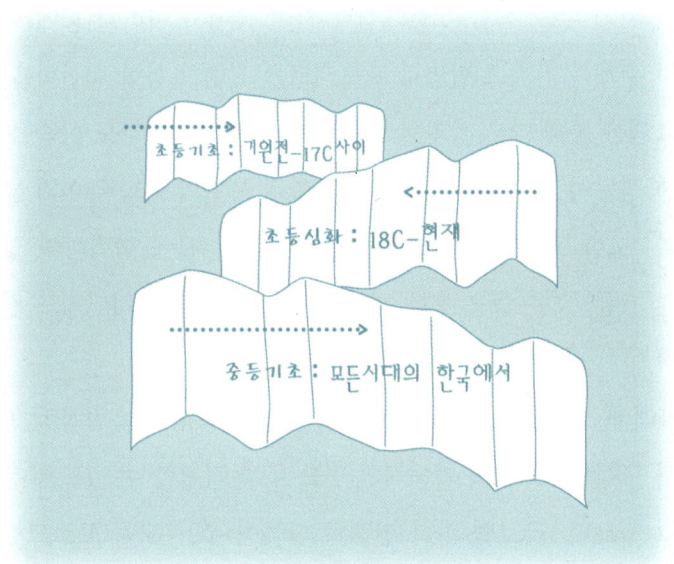

을 2007년 가을 학기에 처음으로 시도하였다.

  과학의 4개 전공별로 자연 현장 속에서 진행할 수 있는 7가지 주제를 제시하고, 4~5명으로 구성된 팀이 각자 흥미로운 주제를 택하여 소규모 프로젝트를 진행하였다. 현장에는 전공별 담당 교수와 조교들이 함께하면서 각 주제를 통합적으로 생각하고 탐구할 수 있도록 도왔다. 학생들은 흥미롭게 각 주제를 탐구할 수 있었고, 자연의 신비로움에 호기심도 더욱 갖게 되었으며, 서로가 협력하는 협동심도 기를 수 있었다.

  이와 같이 본 교육원에서는 출석 수업을 통한 정규 교육 프로그램 외에 2007년 신규로 개발하여 개인의 탐구 능력을 배양하기 위한 자기 주도 학습 프로그램과 자연 속에서 여러 전공에 대한 탐구 주제를 가지고 팀별로 프로젝트를 진행한 통합 현장학습 프로그램을 통해 많은 성과를 얻을 수 있었다. 자기 주도 학습을 통해 학생들의 자율성도 길러지고 과학적 사고의 폭과 깊이가 넓어졌다. 또한 프로젝트팀을 구성하여 구성원 간에 협력하며 상호 의견 교류, 조율 등을 통해 과제를 풀어 나가면서 리더십도 길러졌다.

아래에 소개할 두 가지 프로그램은 영재 학생의 독립적인 면과 사회 구성원으로서의 협동적인 면을 두루 경험할 수 있도록 유도하고 있으며, 글로벌 과학 인재로 만들어 주는 교육 프로그램이라고 자부한다. 과학영재교육원 학생들에게 다양한 경험을 갖게 하고 프로그램 참여를 통해 과학자로서의 소질을 개발하고 훈련받아 과학영재 교육의 질적 수준을 높일 수 있었다고 생각한다.

◆ 자기 주도 학습 프로그램

강원대학교 과학영재교육원에서는 2007년부터 자기 주도 학습 프로그램을 새롭게 시도하였다. 자기 주도 학습 프로그램은 독서, 탐구활동, 과학사 파노라마 등으로 구성되어 있다. 봄 학기와 가을 학기에 독서 프로그램을 진행하고, 탐구활동 프로그램은 봄

학기에, 과학사 속의 다양한 내용들을 조사·연구하는 과학사파노라마는 가을 학기에 진행된다.

1년 4학기 정규 교육과정 외에 추가로 자기 주도 학습 프로그램을 병행하였는데, 이 프로그램의 참여 대상은 초등기초반과 심화반, 그리고 중등기초반과 심화반 학생들이다. 이 프로그램은 과학영재들의 가장 중요한 특성인 창의성과 자발성 개발을 위해, 교사가 주도하기보다는 학생 스스로 학습하는 것이 바람직하기에 개발하였다. 독서와 탐구활동에 참여하면서 학생들이 얼마간의 고통(?)을 호소하였지만, 과정을 마치고 나서는 결과를 만들어냈다는 것에 대해 나름의 자부심을 갖게 되었다.

독서 프로그램은 각 과정별로 주어진 학기당 과학과 수학에 관한 책 8권을 매달 읽고 내용을 정리하고 그 도서와 관계된 특별 과제를 수행함으로써 학생 스스로가 과학 및 수학에 관한 지식의 폭과 깊이뿐 아니라 탐구 능력을 배양할 수 있도록 프로그램을 구성하였다.

학생 스스로 탐구 주제를 정하고 한 학기 동안 탐구하면서 얻은 결과를 보고서뿐 아니라 발표 자료로 구성하는 탐구활동 프로그램은 봄 학기에 진행된다.

가을 학기에는 과학의 발전 단계를 학생 스스로 파악하고 이를 통해 과학적 사고를 할 수 있도록 각 과정별로 과학사에서 한 주제를 정하여 깊이 연구하는 과학사 파노라마가 진행된다. 각자가 연구하여 정리한 내용은 연대별로 모두 연결하여 하나의 과학사 파노라마로 펼쳐서 자신이 연구한 내용이 과학사에서 차지하는 위치도 배우고, 다른 과학사적 발견과의 관계도 이해할 수 있는 기회를 제공한다.

1) 독서 프로그램

독서 프로그램은 전년도에 비해 시간적으로 부족한 수업의 내용을 보충하고 학생 스스로가 독서를 통해 과학적 사고를 기르고 과학의 개념을 이해하는 데 도움을 주고자 개발되었다. 초등 기초반 및 심화반, 중등 수학기초반, 중등 과학기초반은 공통적으로 참여하고 있고, 중등 심화반과 사사연구반은 해당 지도교수의 재량에 따라 진행하기도 한다.

각 과정별로 학생들은 연간 16권의 책을 읽고 봄과 가을 학기에 각각 4번씩 총 8번의 보고서를 제출한다. 독서 프로그램을 통해 학생들은 평소에 접하지 못했던 수학·과학 도서들을 읽고 새로운 지식을 습득하기도 하며, 그동안 알고 있던 지식들을 스스로 정리해 보고 확인하는 계기가 된다.

보고서를 작성하도록 하여 작문 훈련의 기회가 되기도 하고, 각 도서별로 그 도서와 관련된 특별 과제를 수행함으로써 탐구력도 기른다. 다음은 실제 학생들에게 부여했던 도서목록의 예이다.

2007년 봄 학기 중등 과학/수학 기초 독서 프로그램

제출 기한	도서번호 (중등 기초)	도서명	특별 과제
4/14	중기-1	《한 번은 꼭 읽어야 할 과학의 역사 1》, 존 그리빈, 에코리브르	수학/물리/천문에서 최고의 발견과 이유
	중기-2	《한 번은 꼭 읽어야 할 과학의 역사 2》, 존 그리빈, 에코리브르	화학/지구과학/생물에서 최고의 발견과 이유
5/12	중기-3	《주제별로 보는 우리의 과학과 기술》, 이영기, 일빛	가장 중요한 우리의 과학과 이유
	중기-4	《시크릿 하우스》, 데이비드 보더니스, 생각의 나무	내가 찾아낸 우리 집의 과학 비밀
6/9	중기-5	《재미있는 수학여행》, 김용운/김용국, 김영사	내가 찾아낸 수학의 아름다움과 이유
	중기-6	《수학 비타민》, 박경미, 랜덤하우스중앙	자신이 찾은 생활 속에 숨겨진 수학
7/7	중기-7	《어떻게 하면 과학적으로 사고할 수 있을까?》, 하이먼 러치리스, 에코리브르	과학적 사고의 단계
	중기-8	《위기의 현대과학》, 제3세계 네트워크, 잉걸	과학의 가장 큰 위기와 해결책
형식	분량 : 책 한 권당 A4용지 2장, 글씨 크기 : 11pt, 글씨체 : 바탕, 줄 간격 : 160%		
내용	1. 소속 : 자신이 속한 과정, 반, 그리고 자신의 이름을 적는다. (양식 참조) 2. 도서 : 도서명과 도서 번호(예 : 중기-1)를 적는다. 3. 요약 : 책 전체를 3~4문장으로 요약한다. 4. 내용 정리 : 책의 중심 내용을 정리한다. 5. 감상 : 내가 책을 통해 느낀 것을 정리한다. 6. 질문 : 책을 읽으면서 이해되지 않는 것을 질문한다. 7. 특별 과제 : 도서별로 주어진 특별 과제에 답한다.		
제출 순서	도서 번호와 관계없이 매번 제출 기한까지 두 권의 책을 읽고 각 도서에 대해 A4용지 2장에 해당하는 독서보고서를 주어진 형식에 따라 작성한 파일(HWP)을 이메일에 첨부하여 담당자에게 제출한다.		

제출 안내	1. 독서보고서는 파일(HWP)을 첨부해서 이메일로 보낸다. 2. 모든 독서보고서는 제출 기한까지 이메일로 제출된 것만 인정한다. 3. 독서 프로그램 성적은 다음 과정으로 진학할 때 참고한다.
도서 교환	한 학생이 최소한의 책을 구입하여 다른 학생들과 서로 교환해서 독서하기 바라며, 추후에 후배들이 빌려 볼 수 있도록 여름학기 수업에 도서를 영재원 사무실에 기증해 주기 바란다. (기증된 책에는 기증자의 이름을 기록하고, 그 책을 읽은 학생들의 이름도 기록할 것이다.)
	"Reader is leader, leader is reader." Kangwon Education Institute for the Gifted in Sciences

2) 탐구활동 프로그램

'왜 그럴까?'에 대해 각자가 갖고 있는 의문을 학기 중에 스스로 연구하는 탐구활동 프로그램은 자신이 원하는 주제를 실생활 속에서 직접 탐구함으로써 탐구능력을 배양하는 것을 목표로 한다. 탐구 주제는 학생 자신이 평소 관심 있는 것이라면 어떤 주제라도 가능하다. 단, 인터넷이나 기타 정보 자료를 가지고 정리하는 것은 허용하지 않고 자신이 직접 관찰하거나 실험 또는 연구할 수 있는 내용이어야 한다.

과학영재에게 탐구활동이 무엇보다 중요함에도 이런 탐구 프로젝트를 경험해 보지 못한 학생들은 주제를 정하는 것부터 갈피를 잡지 못해 난감해하는 경우가 많았다. 그러나 이러한 고민을 통해 사소한 것이지만 생활 속에서 자신이 가졌던 의문들을 하나하나 찾아 탐구한다는 것 자체가 귀중한 학습 경험이었다.

이렇게 탐구한 결과물은 독서보고서 형식의 파일(HWP)과 함께 모두에게 발표할 수 있는 발표자료(PPT)로도 정리하여 봄 학기 말에 제출한다. 모든 보고서는 CD 형태의 자료집으로 출간하여 동료들의 연구를 참조할 수 있도록 한다.

각 전공별로 제출한 보고서 및 발표 자료를 해당 교수들이 심사하여 시상한다. 우수한 탐구 결과는 본인과 지도교수가 논의하여 과학전 등에 출품할 수 있도록 지도하기로 하였다. 이번 학기에는 과정별로 총 9개의 탐구활동이 우수상으로 선정된 바 있다.

3) 과학사 파노라마 프로그램

학생들이 소속된 과정별로 제시된 각 시대의 과학적 발견 중에서 자신이 관심 있는 내용을 조사하여 과학사에 대한 이해를 함양시키는 과학사 파노라마가 2007년 가을 학기에 진행되었다. 학생들 각자가 조사한 내용을 일정한 형식에 맞추어 보고서 형태로 제출할 뿐 아니라 한 장의 발표 형식으로 정리한다.

정리된 결과물은 겨울학기 시작하는 날에 연대별로 연결하여 전시할 것이다. 즉 각 시대별로 과학사를 파노라마로 엮어 전시함으로써 학생들은 자신이 조사한 과학사적 발견이 전체 과학사 안에서 어떤 위치를 차지하는지뿐만 아니라 다른 과학적 발견과의 관계성을 이해하게 될 것이다.

건물 이쪽 끝에서 저쪽 끝까지 한없이 이어지는 과학적 발견들이 파노라마처럼 펼쳐지면서 장관을 이룰 것이고, 학생들은 과학사의 발전을 한눈으로 파악할 수 있을 것이다. 학생들의 과학사 파노라마 프로그램에 적극적인 참여를 유도하기 위해 우수작에 대한 시상도 계획하고 있다.

다음은 분야별 조사 내용이다.
- 초등 기초 : 기원전~17세기 사이의 과학적 발견
- 초등 심화 : 18세기~현재까지의 과학적 발견
- 중등 기초 : 모든 시대의 한국에서의 과학적 발견
- 중등 심화 : 모든 시대의 노벨상을 받은 과학적 발견 중에서 자신과 관계된 분야이거나 자신이 특별히 관심 있는 분야

◇ 자율연구 프로그램

자율연구 프로그램은 학생들에게 연구 예산을 배당하여 실제 과학자들이 연구를 수행하는 과정을 모두 체험하고 과학자로서의 자질과 소양을 개발하기 위해 2007년 처음으로 시도하는 프로그램이다.

먼저 과학영재교육원 내의 전공별 사사과정 학생들이 자율연구 프로그램에 참여할 수 있다. 각 학생들이 연구 주제를 정하고 연구계획서를 작성하면, 학생들로 구성된 심사위원회에서 연구계

획서를 심사한다. 연구계획서에는 연구 주제, 연구 목적, 연구 방법, 연구 결과, 연구를 통해서 기대되는 효과뿐 아니라 예산 내역까지 포함된다.

학생들로 구성된 심사위원회에서는 제출된 연구계획서를 심사하여 연구 주제를 선정하고, 선정된 연구 주제를 제안한 학생이 연구팀장이 되어 연구를 주도한다. 소정의 연구 예산을 배정하면, 학생들은 연구계획서에 따라 연구를 진행할 뿐 아니라 예산도 직접 집행한다. 최종 연구 결과는 연구보고서로 작성하여 제출하고 발표의 기회를 갖는다.

이런 일련의 연구 과정을 통해 학생들은 과학자로서의 연구 과정을 모두 직접 경험하게 된다. 이와 같은 자율연구 프로그램은 다음과 같은 과정을 통해 진행된다.

- 구성된 연구팀별로 연구 주제, 연구 방법, 예산안 등이 포함된 연구계획서를 작성한다.
- 연구계획서를 학생들로 구성된 심사위원회에서 평가하여 가장 점수가 높은 2개의 연구 주제를 선정한다.
- 선택된 연구 주제를 제안한 학생이 연구 팀장이 되어 연구를 진행하고, 나머지 학생들은 제2주제에 분할하여 참여한다.
- 연구 결과는 최종 보고서를 작성하여 학생과 학부모에게 공개 발표한다.
- 연구가 종료되면 연구비 집행에 대한 정산서와 영수증을 영

재원 사무실에 제출한다.

◇ 통합 현장학습 프로그램

중등 기초수학 및 중등 기초과학 과정의 학생들이 모두 함께 참여하는 통합 현장학습 프로그램이 2007년 가을 학기에 처음으로 시도되었다. 중등 기초과정의 학생들이 다양한 과학 분야와 함께 자연 현장을 종합적으로 탐구할 수 있는 기회를 가졌다.

강원도의 자연 생태 환경의 특성을 경험할 수 있도록 춘천시 동산면 봉명리 소재의 강원대학교 학술림에서 자연 생태 환경 조사가 실시되었다. 천연자원이 풍부한 강원도는 산, 강, 호수, 댐 등이 많은 지역이므로 이들 자원을 십분 이용하여 모든 과학 분야가 연계된 종합적인 학습에 필요한 교육과정을 개발하고 학생들에게 적용하였다.

각 전공별로 4~5명으로 탐구팀을 구성하고, 각 분야별로 제안된 7가지 프로젝트 중에서 각 탐구팀이 흥미 있는 주제를 택하여 탐구활동을 진행하였다. 학생들은 자연에서 나타나는 여러 가지 현상에 대해 탐구방법을 팀별로 논의하고 직접 관찰함으로써 과학적이고 창의적으로 탐구능력을 배양할 수 있다.

이와 같은 통합 현장학습을 통해 수집한 자료들은 팀별로 체계적으로 정리하고 해석할 수 있는 기회를 제공한다. 학생들은 다양한 과학적 접근을 통해 자연 현장을 이해하고 종합적으로 사고할 수 있는 기회를 갖는다.

학생들이 팀별로 탐구한 주제들은 아래와 같다. 각 탐구팀은 5개의 활동 주제를 조사, 정리하여 팀별로 결과보고서를 제출하였다. 탐구보고서는 전공별 지도교수가 심사하여 시상할 계획이며, 앞으로 매년 봄이나 가을에 정기적으로 진행하려고 한다.

통합 현장학습 장면 : 생물, 화학, 물리

- 강원도 자연 생태계에서의 식물 분류 관찰(생물학과 이우철 명예교수)
- 강원대 학술림 개천에 서식하는 어류와 저서생물을 이용한 수질오염 측정(과학교육학부 생물 전공 박대식 교수)
- 강원대 학술림 내의 시냇물의 수질 분석 및 오염도 조사(화학

과 김진호 교수)
- 시냇물 여러 지점에서의 유속 측정 및 비교(과학교육학부 물리 전공 조영신 교수)
- 강원대 학술림 내 하천의 다양한 지형 관찰 및 비교(과학교육학부 지구과학 전공 이문원 교수)
- 강원대 학술림 주변 암석 및 지층의 관찰 및 비교(과학교육학부 지구과학 전공 이문원 교수)
- 내가 만든 각도측정기로 산의 높이 측정(물리학과 차성도 교수)

하루를 여는 '아침 산책'

김창대(목포대학교 과학영재교육원장)

"기상!"

오늘 아침도 어김없이 들려오는 잠을 깨우는 조교 선생님들의 호령이다. 매일 아침 6시 30분부터 실시하는 '아침 산책' 시간이다. 이 시간쯤이면 집에서는 꿀맛처럼 달콤한 잠을 자고 있을 때가 아닌가.

목포대학교 과학영재교육원에 입학하여 세 번째로 맞는 집중교육이지만 이 '아침 산책' 만큼은 내가 적응하기에 힘들고 싫다. 여기에 들어오기 전부터 이 '아침 산책' 만은 없어지기를 그토록 바라고 기대했건만 그 기대는 산산조각 허공에 흩어지고, 설상가상으로 오늘은 집중교육 마지막 날 아침 산책이라면서 어제보다 더 힘든 승달산 산행을 하는 것이 아닌가. 온몸은 땀으로 뒤범벅이 되고, 다리에는 힘이 빠져 걷기도 힘들다.

잠이 몰려온다. 오전 수업시간에도 소리를 높여 열성으로 수업하시는 교수님의 눈을 피해 가며 졸았건만 체험 수기를 쓰는 이 시간도 눈꺼풀이 중력을 이기지 못하고 자꾸 아래로 내려온다. 중력 체험이라도 하려는 걸까? (생략)

    이 글은 본 교육원 교육원생이 방학 중 5박 6일 동안 실시하는 집중교육 캠프에서 '아침 산책'이라는 프로그램에 대해 느낀 점을 글로 쓴 체험 수기의 일부이다.
    이 '아침 산책'은 여름과 겨울 집중교육 때 실시하는 본 교육원 교육 프로그램의 하나로, 아침 6시 30분에 기상하여 약 1시간 동안 진행하고 있다. 기숙사에 입소한 다음날부터 시작하여 첫날은 가볍게 대학 캠퍼스를 구보하고, 둘째 날부터는 점점 강도를 높여서 뛰기, 그리고 마지막 날에는 산행으로 끝을 맺는다.
    학생들의 정서 함양을 위해서 실시하는 여러 가지 교육 프로그램 가운데 학생들이 가장 싫어하고 힘들어 하는 프로그램이 바로 '아침 산책'이다. 힘들기는 학생들뿐만이 아니다. 이를 담당하는 교수와 교육보조원도 마찬가지이며, 더욱이 학생들의 안전에도 주의를 기울여야 하는 참여 교수와 교육원으로서는 무척 힘들고 어려운 일이다.
    그럼에도 이 '아침 산책'은 계속 유지될 것이다. 이러한 시간을 통해서 학생들이 인내심과 끈기를 배우고, 서로를 배려하는 마음을 키울 뿐만 아니라 자신을 뒤돌아보고, 자신의 정체성을 찾는

chapter 2
과학영재교육원의 하루

소중한 기회가 되고 있기 때문이다.

목포대학교 과학영재교육원은 2005년부터 첫 신입생을 선발하여 교육해 오고 있다. 이 지역의 창의적이고 뛰어난 과학적

2006년 여름방학 집중교육에서의 '아침 산책' 모습

재능을 가진 과학영재를 조기에 발굴하여 능력과 소질에 맞는 교육 프로그램을 제공하고, 이를 통해서 영재 개인에게는 자아실현을 도모할 수 있는 기회를 갖게 한다. 그와 동시에 국가적으로는 지역 및 국가 경쟁력을 높이는 데 필요한 창조적인 고급 과학기술 인력을 양성하기 위해 설립되었으며, 올해로 3년째에 이른다.

현재 교육원에는 원장실, 행정지원실, 회의실 등의 지원 시설 공간과 본부(겸임) 행정 직원 1명, 교육원 자체 직원 2명 등의 행정 인력 등을 확보하여 교육에 필요한 기본적인 교육 지원 체제를 구축하였다.

또한 분야 및 재학생 수에 있어서도 초등과정 수학·정보·과학 3개 분야에 54명, 중등 기초과정 수학·정보·과학 3개 분야에 60명, 심화과정 수학·정보·물리·화학·생물·지구과학 6개 분야에 44명, 사사과정 6개 분야에 21명 등 총 179명이 재학

하고 있으며, 이들에게 교육할 다양한 교육 프로그램을 개발하여 현장에 적용하고 있다.

  이러한 점에서 보면 목포대학교 과학영재교육원은 명실상부한 과학영재 교육기관으로서 외형적 제반 기반을 구축하였다고 볼 수 있다. 그러나 이제는 좀 더 알찬 과학영재 교육을 위해 도약이 필요한 단계이다. 과학영재의 선발에서부터 교육 프로그램, 교육 평가에 이르기까지 교육에 대한 전반적인 평가를 통해 앞으로 적합한 교육과정을 설계하고 실천하기 위한 새로운 노력이 필요한 때이다.

  나는 교육원 설립에서부터 지금까지 교육원의 대표자로서 3년이라는 시간을 과학영재 교육에 바쳐 왔다. 교육원의 교육 기반을 구축하고, 영재교육에 대한 지역사회의 관심을 이끌어 내기 위해 노력해 왔다. 더욱이 교육원의 교육 목표를 설정하고 교육과정을 설계할 때는 깊은 고통을 느끼며 고심했다. 영재를 어떻게 판별하여 선발할 것인가? 그리고 이들을 어떻게 교육할 것인가? 또한 우리의 영재교육의 궁극적인 목표는 무엇인가? 이러한 과제는 대부분 대학의 과학영재교육원들이 경험하고 겪은 고통일 것이다.

그러면 과학영재 교육은 어떻게 이루어져야 하며, 어떻게 해야 성공할 것인가?

이에 대한 답은 '21세기 지식기반 사회에서 어떠한 과학자가 필요할 것인가?' 라는 질문에 대한 답으로부터 찾을 수 있을 것이다. 그 답은 새롭고도 가치 있는 지식을 창출하는 과학영재로서, 과학적 지식뿐만 아니라 과학적 태도가 올바르게 정립된 과학영재일 것이다. 이는 이미 황우석 사건으로부터 일부 경험한 사실이 아닌가.

이와 함께 영재들의 일반적인 특성인 인지적 측면과 사회 정서적 측면의 이해로부터 찾을 수 있다고 본다. 특히 사회 정서적 측면의 부정적인 특성인 완벽주의 성향, 실패에 대한 두려움, 예민성, 또래와의 대인관계 기술의 부족, 비현실적인 기대나 지나친 자기 비판과 같은 취약성을 이해하고, 이를 보완할 수 있는 교육 프로그램의 개발과 교육 활동이 필요하다.

영재교육이 성공하기 위해서는 뛰어난 지능에 적합한 감성 교육을 병행함으로써 영재아들을 이러한 부정적 요소들로부터 자유롭게 해야 한다. 그것은 마땅히 한 인간으로서 행복한 삶을 영위하고, 사회와 세계 인류 공동체의 한 구성원으로서 건강하게 살아가는 데 필요한 교육의 기회를 제공하는 것이기도 하지만, 미래 사회가 요구하는 과학영재로서의 성장을 위해서도 필요하기 때문이다.

◇ 과학영재교육원의 특별 교과 활동 프로그램

목포대학교 과학영재교육원에서는 교육원생들에게 지적인 성장만을 강조하지 않는다. 이들이 가족과 이웃, 더 나아가 세상 속에서 더불어 살아갈 수 있는 사회성을 갖춘 과학자로, 자신이 세상에 어울리는 사람이며 자신의 행동이 가치 있다고 느끼는 긍정적인 자아상을 확립하고 원만한 대인관계를 유지하는 과학자로 성장할 수 있도록 돕는다.

이것이 미래 사회에 적합한 영재이며, 미래 사회가 요구하는 영재일 것이다. 어쩌면 미래 사회에는 두뇌의 지능지수보다 마음의 지능지수가 더 중요하며, 머리보다 가슴이 더 발달한 감성지수

(emotional intelligence: EQ)를 갖춘 영재를 더 중요하게 볼 것이기 때문이다.

  정규 교과와 특별 교과로 구분된 교과과정에서 특별 교과 활동은 학생들의 이러한 정서 함양을 위한 프로그램이며, 아침 산책, 특강, 과학 탐구 및 체험, 자연 현장 탐사, 기타 소양 등으로 연중 60시간 이상을 이수하고 있다. 본 교육원의 특별 교과 활동 프로그램의 대표적인 주제 및 활동 내용 몇 가지를 소개한다.

- 아침 산책 : 인내심과 끈기를 키우고, 서로를 배려하며 협동하는 마음을 갖게 함. 건강한 몸이 얼마나 중요한지 깨닫게 하고 건강한 마음을 갖도록 함.
- 과학자의 사명과 윤리 : 과학자의 삶과 사명, 그리고 과학자의 윤리에 대해 생각함.
- 영재와 선비 정신 : 영재들이 가져야 할 선비 정신이 무엇인지에 대해 생각함.
- 고대인의 삶과 죽음 : 영산강 유역의 고대 유물을 통하여 고대 문화를 이해하고 역사 의식을 고취함.
- 과학자의 꿈과 길 : 미국 MIT에 재학 중인 이형준 학생의 과학자로서 도전 체험 소개.
- 과학 퀴즈 골든 벨 : 과학 상식과 교과 활동, 교육 내용을 중심으로 한 퀴즈를 분야별로 팀을 구성하여 풀게 하는 대회로,

이를 통해 과학에 대한 흥미를 유발하고 협동심을 키움.

- 마술 속의 과학 : 마술 속에서 과학적 요소를 찾고 신비한 사실을 경험하고 체험함. 또한 마술에서 보이는 허구성을 과학적 사실로 접근하고 해석함.
- 축구 속의 과학 : 축구 속에 숨겨진 과학의 원리를 이해하고, 직접 경기를 통하여 과학적 원리를 체험함. 이와 함께 건강한 몸과 마음의 중요성을 일깨우고 협동정신을 키움.
- 고대인의 겨울밤 이야기 : 고대인의 삶을 인문학과 자연과학적 해석으로부터 접근하고, 인류와 문화에 대한 새로운 생각을 갖도록 함.
- 화순 세계문화유산 고인돌 유적지 현장 체험학습 : 고인돌의 역사적 사실과 그 속에 숨겨진 과학적 사실을 찾음. 또한 고대인의 삶의 모습을 직접 체험함.
- 해남 우항리 공룡 화석지 현장 체험학습 : 해남 우항리 공룡 화석지를 찾아 화석의 여러 가지 고고학적 의미를 알아보고, 공룡의 발자국에 대해 탐사함. 또한 이 지역 지층의 여러 가지 현상과 운동에 대해 이해함.
- 과학이랑 영어랑 놀자 : 원어민과 함께 과학적 사실을 영어로 이해하고, 게임으로 표현하도록 함.
- 논리력 키우기 : 학문의 기본인 글을 읽고 논리적 사고를 표현하는 글쓰기 능력을 배양함.

- 과학 논문 쓰기 : 자연과학 연구 방법론을 이해하고, 과학 논문의 구조를 익힌 후 다양한 주제에 대하여 가상의 연구 결과로 과학 논문을 작성하는 방법을 익힘.

◆ 미래 사회에는 아인슈타인 같은 인재가 필요하다

교육이란 개인의 측면에서 보면 인간이 지닌 다양한 잠재적 가능성을 교육 활동을 통해 바람직한 방향으로 발전하도록 도와주는 과정이라 할 수 있다. 영재로 선발된 아이들이 적절한 교육 활동을 통해서 올바른 인격과 가치관, 바람직한 윤리성과 사회성을 갖춘 영재로 성장한다면 성공적인 영재교육이 될 것이다.

우리의 영재교육을 통해서 아인슈타인과 같은 위대한 과학자가 탄생하기를 기대한다. 그는 상대성 이론의 창시자로서 이론물리학에 크나큰 기여를 한 20세기 최대의 물리학자이자, 철학·사상계에 막대한 영향을 끼친 사상가이며, 권위와 차별, 특히 파시즘을 증오하고 인류 평화를 위해 끊임없이 노력한 인간성이 풍부한 과학자이기 때문이다.

어느 책에 실린 아인슈타인에 대한 소개를 통해 아인슈타인이 따뜻한 인간성을 지닌 과학자임을 엿볼 수 있다.

아인슈타인의 일상생활은 단순하고 소박했다. 그는 물질 생활에 대해 다음과 같이 말했다. "나는 소박한 삶을 살고 싶다. 나 한 사람을 위해 많은 사람이 희생하는 건 참을 수 없다."

한번은 독일 잡지사의 한 편집자가 1,000마르크를 줄 테니 그의 강연을 책으로 펴내자고 제안했지만 그는 이를 거절했다. 평소 아인슈타인의 성격을 잘 알고 있던 편집자는 다시 고쳐 말했다. "책으로 출판하는 일은 당신이 인류를 위해 과학적 의무를 다하는 일입니다." 아인슈타인은 '의무'라는 말을 듣자 이 제안을 수락했다. 그러나 원고료를 600마르크로 내린 뒤에야 그렇게 하겠다고 말했다.

또한 그는 1분당 1,000달러를 준다는 라디오 출연 제의를 거절했고, 1905년에는 30쪽의 논문을 펴내 받은 200만 달러를 반파시즘 전쟁에 전액 기부하기도 했다.

아인슈타인은 많은 명예를 얻었지만 초지일관 자신의 신념을 지켜 나갔다. 그는 명예가 사람을 나쁘게 바꿔 놓을 수도 있다는 사실을 알고 있었다.

그는 죽기 전 다음과 같은 유언을 남겼다. "내 집을 기념관으로 만들지 마라. 내가 죽으면 내 연구실을 다른 사람이 쓰도록 내주어라."

21세기는 이미 우리 앞에 다가서 있다. 그리고 우리는 지식기

chapter 2
과학영재교육원의
하루

반 사회로 빠르게 진행되는 무한 경쟁 속에 놓여 있다. 이로부터 우리를 보호하기 위해서는 국민 한 사람 한 사람이 지닌 인간의 가치, 지식의 가치를 높이는 인간 자원(human capital)의 고도화를 위해 필요한 모든 노력을 기울여야 한다. 인간 자원의 고도화를 이룩하는 데 교육보다 더 좋은 지름길은 없으며, 특히 미래를 이끌어 갈 고급 과학 인력 자원의 고도화는 올바른 과학영재 교육을 통해서만 가능하리라고 믿는다.

교육원생의 체험 수기는 다음과 같이 끝을 맺으며, 과학영재 교육이 어떻게 이루어져야 할지 그 방향의 일부를 우리에게 제시한다고 본다.

(중략) 나는 내일이면 집으로 돌아간다. 목포대학교 과학영재교육원에 입학하여 많은 소중한 것들을 얻고 돌아간다. 내가 모르는 많은 새로운 과학 내용도 알게 되었다.

무엇보다도 그토록 하기 싫고 힘들었던 '아침 산책' 시간을 통해서 친구의 소중함도 알게 되었다. 집에 돌아가면 산행하며 힘들 때 손을 잡아 주고 격려해 주었던 친구가 가장 먼저 생각날 것이다.

"아침 산책은 하루를 여는 소중한 시간이며, 우리의 미래를 열어 줄 귀중한 체험이다"라며 참여토록 말씀하신 원장 선생님, 그리고 그 시간마다 우리를 힘들게 했던 조교 선생님도 생각날 것이다. 모든 분들께 감사의 말씀을 드리고 싶다. 감사합니다.

도서벽지 방문 교육 프로그램

김상수(창원대학교 과학영재교육원장)

◆ 교육 프로그램의 필요성

탐구활동을 통해 얻는 참신한 아이디어는 오히려 어떠한 경험과 지식에 구애받지 않고 발생할 수 있다. 그러나 도시에서 생활하는 학생들은 소위 선행학습에 의해서 습득한 지식으로 인해 참신한 아이디어를 산출하는 데 제한을 받을 수 있다. 그러한 제한을 받지 않고 자유로운 환경에서 생활하는 학생들을 위해 실제적인 환경을 조성하는 교육이 이루어질 필요성이 있다.

그러한 필요성에 따라 창원대학교 과학영재교육원에서는 해외견학, 영재들의 인성 교육 프로그램, 과학 체험 교실, 독서 교육 프로그램, 그리고 도서벽지 학교 방문 등이 운영되고 있다. 그 중에서 영재성 개발과 정서 함양을 위한 도서벽지 학교 방문을 창원대학교 과학영재교육원의 중점적인 교육 수기로 소개하겠다.

◆ 교육 프로그램의 목적

과학영재들을 위한 교수 학습 자료에는 학생들이 보다 창의적인 생각을 가지고 문제를 해결할 수 있는 능력을 길러 주는 안내의 과정이 포함되어야 한다.

이러한 목적을 달성하기 위해서 영재 교수 학습 자료는 단편적인 지식의 암기나 기술의 습득보다는 창의적인 문제해결력, 비판적 사고능력, 합리적 의사결정력 등의 고급 사고능력을 키울 수 있도록 구성되어야 한다.

그 과정에서 창의적인 산출물이 생산될 수 있도록 격려하고, 적극적인 문제해결자로 문제를 인식하고 해결할 수 있는 기회를 제공할 필요가 있다. 그러나 먼저 학생들이 해결할 문제를 직접 접하기 전에 자연의 사물과 현상을 만날 수 있는 기회를 제공하는 과정이 필요하다.

많은 문제를 인식할 수 있는 현상들을 수집하는 환경을 접할 기회를 반드시 제공해야 할 목적으로 2007년 7월 23일 문경에 있는 호계초등학교에서 신나는 과학교실을 갖게 되었다.

◇ 장소와 대상

　호계초등학교는 경상북도 점촌시에서 20여 리 떨어진 조그마한 시골 '호계'에 있는, 전교생이 60명 남짓한 전형적인 농촌 학교이다. 학교에 들어서니 교장 선생님, 교감 선생님, 과학지도 선생님들이 방학 중인데도 불구하고 아침 일찍부터 학교에 나와 아이들과 함께 반갑게 맞이해 주었다.
　실제 과학 실험에 참여한 학생은 전교 60명 중에서 4, 5, 6학년을 대상으로 30명 정도였다. 진행 순서는 과학자가 되는 꿈을 키울 수 있는 좋은 환경을 가지고 있다는 간단한 격려와 함께 흥미로운 과학 체험 교실로 이어졌다.

◇ 교육 프로그램의 내용

　첫째 시간, '과학자가 되는 길'이란 제목으로 강의가 시작되기 전에 과학자가 되고 싶은 아이는 손을 들어 보라고 하였는데, 단 한 명이 손을 들었다. 약간 실망을 했지만 강의가 시작되자 맑은 눈동자는 집중되었다.
　자연과 직접 접하며 살아가는 아이들에게 과학자의 꿈을 심어 주기 위해, "자연 현상을 잘 관찰하고 그 현상에 대한 호기심이

chapter 2
과학영재교육원의 하루

생기면 과학자가 될 소질이 있는 것이며, 그 호기심이 바탕이 되어 어떤 문제성을 발견하고 가설을 설정한 뒤 꾸준히 탐구하여 결국은 그 탐구를 통해 자연의 원리를 알아내는 것이 바로 과학자가 하는 일"이라는 이야기를 하면서, "자연과 매우 가깝게 살아가는 여러분은 훌륭한 과학자가 될 기회가 많으니 과학자가 되기 위한 꿈을 가지라"는 말로 강의를 마쳤다.

강의의 효과는 바로 나타났다. 과학자가 되기를 꿈꾸는 학생이 5명으로 늘었다. 시골 벽지 학생들이라 자신감이 부족한 것 같아서 정말 안타까웠다. 그러나 새로운 힘이 났고, 계속해서 흥미로운 '과학 체험 교실'을 가졌다.

둘째 시간에는 과학 실험을 시작하기 위해 한 조에 6명씩 5개 조로 나누었다. 각 조에는 우리 과학영재교육원 조교 선생님들이 한 명씩 배치되어 실험을 지도하였다. 먼저 '탱탱볼 만들기' 실험을 하였다. 두 용액을 섞을 때 생성되는 재료를 가지고 직접 자기 손으로 빨강, 노랑, 파랑 탱탱볼을 공처럼 만들어 내자 아이들은 신기함에 가득 찼다.

셋째 시간에는 핵사메틸렌다이아민을 핵산에 녹인 용액과 염화세바코일을 염기성 수용액에 녹인 용액의 경계면에서 생성되어 나오는 긴 실 모양의 나일론을 직접 손으로 뽑아 만들어 내는 '나일론 만들기' 체험이 이어졌다.

넷째 시간에는 맑은 유리병에 염화은 용액을 넣고 흔들어 주면

갑자기 은으로 도금되어 버리는 '은 거울 만들기'와 10원짜리 구리 동전이 금화·은화로 바뀌는 '금화·은화 만들기 체험' 등으로 실험이 이어져 완전히 아이들의 마음을 사로잡았다.

  휴식시간도 없이 4시간 동안 연속적인 실험이 이어졌지만, 아이들의 눈빛은 새로운 현상에 대한 경이로움에 시간 가는 줄 모르는 듯했다.

  시간이 흐를수록 아이들의 호기심은 더욱 커져만 갔고, 진지한 아이들의 실험 자세는 오히려 우리 과학영재교육원 실험팀을 감동시켰다.

chapter 2
과학영재교육원의 하루

◆ 결과와 우리의 각오

 이렇게 아이들이 신기해 하고 좋아하는데, 왜 우리는 자주 시골 학교를 방문하지 않는가 하는 안타까운 마음이 가슴을 짓눌렀다. 실험 교실을 도와주기 위해 동행하였던 조교 선생님도 아이들과 이야기를 주고받느라 오랜 시간 더위도 잊은 채였다.
 우리 과학영재교육원이 봉사 차원에서 진행한 일이라 더욱 보람을 느꼈다. 과학영재교육원 조교 선생님들에게는 봉사하는 기쁨이 이렇게 크다는 것을 알려 주는 소중한 시간이었다.
 시골 학교 과학 체험 교실을 하면서 궁금증과 호기심에 타오르는 아이들의 눈빛을 보면 먼 길을 달려와 오후 내내 아이들과 같이 실험을 해야 했던 조교 선생님들과 내 자신에게도 큰 기쁨이었다. 남을 위해 지식과 시간을 나누고 희망을 전한다는 것이 얼마나 아름다운 일인지 깨닫는 소중한 순간이었다.
 우리는 내년에도 또 다른 시골 학교를 찾아가 신나는 과학 교실을 열어야겠다는 생각을 하면서 아쉬움을 뒤로한 채 그곳을 떠났다.
 돌아오는 버스 안에서 "초등학교 시절 흰 도화지에 처음에 연필로 대략적인 구도를 잡아야 한다"는 선생님의 말씀이 생각났다. 그것은 처음이 매우 중요하다는 뜻일 것이다. 초등학교 저학년 때의 교육이 매우 중요하다는 말일 수도 있다.

이전에 학습된 기존의 지식들이 오히려 창의력을 억제한다는 사실은 무엇을 말하는가? 비판적이지 않은 암기식 교육으로 얻은 지식이 새로운 도약의 진정한 배경지식이 되는가? 도시 아이들의 앵무새 같은 지식 습득에 의해서 새로운 창의력이 생성되는가?

현대 과학은 낡은 언어를 통한 세계의 재현은 불가능하다는 것을 먼저 말한다. 하지만 그것뿐인가. 나아가 우리의 언어로 세상을 재현하기는 불가능하다는 것을 말하고 있지는 않은가.

언어가 매개하지 않은 세계를 볼 것! 이것이 현대 과학이 우리에게 말하고 싶었던 것이 아닐까? 언어가 불완전한 기호라는 것은 누구나 다 아는 사실이다. 현대 과학이 이미 그 한계를 말했듯이, 어린 시절에 어떤 개념의 정의부터 시작된 우리의 학습방법은 옳은 것인가?

우리 학생들을 위해서 꼭 필요하고 반드시 이루어져야 할 일이라면 제도로 만들지 않아도 생겨날 것이요, 마땅히 가르쳐야 할 사안이라면 말뚝 박고 대못질하지 않아도 가르치는 선생은 지켜야 할 것이다. 말뚝 박고 대못질한다고 해서 그것이 지켜진다는 보장이 있는 것도 아니다.

가르치는 사람은 그 시대, 그 학생들이 안고 있는 문제를 풀어 줘야 마땅하다. 박힌 것이 있으면 뽑아 주고, 가로막는 것이 있으면 치워 주고, 발목 잡는 것이 있으면 뿌리쳐 주고, 그리하여 문제를 남겨 놓기보다는 깨끗하게 청소하고 버리는 사람이다. 그리고 헤어질 때는 뒷사람에게 "나를 본으로 삼고 살아가라"는 무언의 말 한마디쯤 전해 주고……

우리도 바람처럼, 물처럼, 시간처럼 그렇게 아름답게 자신의 것을 보여 주면 좋겠다. 아름다운 사람이 머물다 간 자리는 언제나 아름답다고 하지 않던가. 다시 새로운 것이 찾아오는 기반이기 때문일 것이다.

도서벽지 학교 학생들은 도시의 학생들에 비하면 오히려 더 좋은 환경에서 생활하는 것이 아닌가 하는 상념과 함께 그들을 위한 우리의 책임은 무엇인가를 생각하게 하는 계기가 되었다.

◇ 기대되는 미래의 결과

시골에서 자라는 아이들에게는 오히려 과학영재로 성장할 수 있는 가능성이 잠재되어 있다. 도시 학생들의 마음속에는 자연 현상을 직접 접하기 전에 기존의 지식과 연결되어 있는, 유의미한 지식이 아니라 암기한 의미 없는 지식이 자리 잡고 있으므로, 자연 현상이 흥미 있는 새로운 것으로 다가오기보다는 단순히 자신의 지식을 확인하는 과정에 불과하기 때문이다.

따라서 창원대학교 과학영재교육원에서는 지속적인 도서벽지 학교 방문이 중요한 운영 사례로 정착되도록 노력할 것이다. 자연 현상을 진정으로 사랑하는 참신한 과학영재가 분명히 나타나리라 기대하면서 이 글을 마친다.

chapter 2 과학영재교육원의 하루

'신나는 토요일'부터 시작된 과학영재와의 만남

박종욱(청주교육대학교 과학영재교육원장)

◆ 과학영재교육원의 바탕이 된 '신나는 토요일'

과학영재 교육에 발을 들여놓은 지 벌써 10년이 넘었다. 그 당시 청주교육대학교 과학교육연구소에서는 매년 과학·수학 경시대회를 개최하고 있었다. 경시대회를 통해 과학이나 수학 분야에 남다른 재능이 있는 학생들을 찾아낼 수 있었지만 그 학생들을 후속적으로 관리하는 프로그램은 없었다.

그래서 기획한 것이 '신나는 토요일(super-saturday)', 일명 '신토'였다. 경시대회에서 우수한 성적을 낸 학생 중에서 과학 20명, 수학 20명을 선발하여 매주 토요일마다 우리 대학의 실험실에서 신나는 시간을 보낼 수 있도록 준비하였다.

1년간 진행된 이 사업은 현재 우리 대학교 과학영재교육원의 전신인 셈이다. '신토'는 학생뿐만 아니라 이 사업에 참여했던 과학과 수학과 모든 교수에게도 새로운 도전 의욕을 불러일으킨 의미 있는 사업이었다. 이 사업을 위해 대학교 3~4학년 학생 중에서 자원자를 뽑아 관찰 지도교사라는 이름으로 지도교사 1명당 4~5명의 학생을 관찰할 수 있도록 하였고, 교수들은 학생들을 위한 도전적 프로그램을 준비하도록 하였다.

'신토' 사업은 어떤 예산이 있어서 한 일이 아니라 우리가 잘할 수 있는 일, 그리고 우리가 해야 할 일이라고 생각했기 때문에 뛰어들었던 일이다. 그때가 1998년이었다.

토요일 오후만 손꼽아 기다린다는 학생들의 이야기를 학부모들로부터 들으면서 이 사업의 의미를 되새겨 보곤 했다. 왜 많은 학생들이 우리와의 만남을 기대했을까? 뛰는 학생들에게는 학교라는 공간이 뛰기에는 적절하지 않았던 것 같다.

이런 학생들에게 당시 '신토'가 제공해 주었던 것은 바로 자유롭게 생각하고 마음껏 떠들면서 뛰어오르는 연습을 할 수 있는 과학 탐구의 터였다.

우리는 그들에게 단순한 지식을 전달해 주는 것이 아니라 스스로, 아니면 같이 어울리면서 새롭게 생각하는 방법을 깨닫게 해 주려고 노력했다. 대학의 모든 시설과 실험 도구 등을 자유롭게 이용하면서 그들 스스로 깨닫도록 했다.

학생들에게 우리의 입을 쳐다보지 말라고 요구했다. 궁금하고

Chapter 2
과학영재교육원의 하루

알고 싶은 것이 있을 때 학생들은 답이라는 것을 알려 달라고 요구한다. 그러나 그 시절 우리는 끝까지 "나도 모른다"로 일관하였다. 그것이 반드시 올바른 방법이라고는 할 수 없지만 질문과 즉시적인 답에 익숙한 어린 꿈나무들에게는 반드시 필요한 경험적 과정이라고 생각했다.

과학반의 경우 다양한 주제에 대한 관찰과 실험을 통해 현상을 설명할 수 있는 이론적 체계를 학생 수준에서 추론과 논증, 토론을 통해 구성하도록 하였다. 여기서 교수들은 답을 이야기해 주는 전달자가 아니라 학생들의 사고를 좀 더 자극하면서 방향을 제시해 주는 안내자 역할을 하도록 노력하였다. 그래서 아마 많은 학생들이 답답해했을지도 모른다.

그 당시 우리에게 교육을 받았던 학생 중 상당수는 이공계 대학에 진학했다. 다음은 현재 포항공대에 다니는 한 학생과의 인터뷰 내용 중 한 부분이다.

"답을 이야기해 주지 않는 교수님들이 미웠지만 지금 생각하면 그 과정 자체가 매우 의미 있었던 것 같아요. 알고 있는 것을 알려 주지 않으셔서 얼마나 답답하셨을까(?) 하는 생각도 들었지만 현재 과학의 길로 들어서려는 저에게 과학의 참된 본성을 실천적으로 보여 주신 것 같아요."

◆ '신토'의 전통을 잇는 과학영재교육원

짧지만 귀중한 '신토' 경험을 바탕으로 1998년 9월, 과학기술부의 과학영재교육센터 사업에 공모하여 충북 지역의 초·중등 과학영재 교육의 거점 대학이 되었고, 현재는 대학 부설 과학영재교육원이라는 이름으로 이 사업을 지속해 오고 있다. 이 사업의 가장 적극적인 동지이자 핵심인 정병훈 교수가 2001년부터 2003년까지 2기 과학영재교육원 사업을 성공적으로 이끌어 왔고, 나머지 기간 동안은 내가 사업을 책임지며 현재까지 운영해 오고 있다.

운영자의 관점에서 고민이 많다. 교육원을 운영한다는 것이 아무것도 아닌 일 같지만, 사실 웬만한 학교 하나를 운영하는 것과 크게 다르지 않다. 영재교육원 초창기 때 우리끼리 모여 우스갯소리로 한 말이 있다.

"우리 마치 시골 구멍가게 같지 않나? 다른 초대형 슈퍼와 경쟁이 되겠나? 규모로 비교하면 상대가 되지 않는다."

적당한 비유는 아닐지라도 우리가 가지고 있는 여러 가지 한계를 느끼면서 한 말이었다. 그럼에도 불구하고 우리가 현재 내실 있고 모범적인 교육원을 운영할 수 있는 원동력은 '신토'의 정신을 바탕으로 영재교육에 대한 정열과 관심으로 똘똘 뭉친 동지들이 있기 때문이다. 작기 때문에 더 잘할 수 있는 것이 왜 없겠는

chapter 2
과학영재교육원의 하루

가? 우리는 남다른 자세로 초·중등 과학영재들을 만나고 있다.

영재교육원 운영에서 빼놓을 수 없는 일이 있다. 학생 선발 못지않게 중요한 관찰 지도교사를 선발하는 일이다. 이 역시 '신토'의 전통을 이어오고 있다. 관찰 지도교사 제도는 전국 과학영재교육원 중에서 우리 대학 유일의 학생 관리 시스템이다.

매년 3월 초 대학교 2~4학년을 대상으로 공모하여 4명의 책임교수와의 면접을 거쳐 최종 40~50명의 지도교사를 선발한다. 지도교사 1명당 보통 4~5명의 학생을 1년간 관찰한다. 교육 활동 중에 나타나는 학생들의 특성을 장기적으로 관찰하고 평가하면서 체계적인 학생 관리의 큰 축을 담당하고 있다. 매년 3대 1의 경쟁률이 넘는다.

다른 사람들에게 관찰 지도교사 제도를 설명하면 으레 묻는 말이 있다. 얼마씩 주냐고. 우리 예비교사 학생들은 돈보다는 그들이 이 활동을 통해 얻는 경험의 가치를 잘 알고 있다. 나는 그렇게 대답한다.

1년간 지도교사를 하면서 영재교육에 관심을 갖는 학생들은 길게는 3년 동안 지도교사로 몸담게 된다. 사실 이들은 현장에 나가서도 과학영재 교육의 중요한 역할을 수행할 수 있다. 그들이 없는 영재교육원은 생각할 수도 없다. 관찰 지도교사들은 우리 교육원 운영의 매우 중요한 한 축이다.

지난 10년간 우리는 나름대로 교육원 운영의 틀을 정립했다. 다른 영재교육원도 마찬가지겠지만 학기 중 주말교육과 방학 중 집중교육으로 크게 구분된다. '신토'의 전통을 이어받아 주말교육은 한 달에 두 번 토요일에 3시간씩, 방학 중 집중교육은 야외에서 혹은 대학 기숙사에서 합숙을 하면서 대학의 모든 시설을 활용하며 일주일 이내의 교육 활동이 진행된다.

주말교육에서 토요일마다 교수가 개인적인 생활을 포기하면서까지 영재교육에 참여하는 것을 가족이 이해해 주지 못하면 아무것도 할 수 없다. 격주제의 놀토라는 제도가 도입되면서 우리 영재교육원의 주말 수업은 모두 놀토에 진행된다. 오전은 초등, 오후는 중등, 이런 식이다.

원격 교육을 병행하자는 의견도 있었지만 학생과 직접적인 만남 없이 이루어지는 교육은 물 빠진 오이같이 생명력이 없다. 그래서 힘들어도 면대면을 고집한다. 이 사업에 참여하는 모든 교수 및 강사님들과 그 가족들에게 이 지면을 통해 감사드리고 싶다.

◆ 다양한 아이템으로 구성된 여름 집중교육

여름 집중교육이 다가오면 바빠지기 시작한다. 여름 집중교육은 보통 3박 4일로 운영한다. 오전과 오후에 각각 3시간 단위 프로그램이 적용되고, 오후 시간에는 협동 문제해결 과제가 2가지 제시된다. 과학 분야에서는 주로 변인 조절을 통해 최적화 조건을 찾는 과제를 제시하곤 한다. '가장 멀리 나는 빨대 비행기 만들기'와 같은, 선행 지식이 없어도 다양한 탐색이 가능한 주제를 찾고자 한다.

영재교육원에서 길게는 4년 이상 교육받는 학생들이 많기 때문에 매번 탐구 주제를 새롭게 개발해야 한다. 마지막 날은 학생들이 결과물을 가지고 경쟁 형식의 경연을 하도록 한다. 경쟁 없는 발전은 없기 때문이다.

집중교육의 마지막 날에는 과학 탐방을 한다. 과학 탐방에 적합한 장소를 찾아야 하고, 탐방 활동에 적합한 프로그램을 개발해야 한다. 이를 위해 여름 집중교육 두 달 전부터 프로그램 개발팀이 만들어진다. 모처럼 교수들이 모여 다 같이 답사도 가고, 그곳에서 어떤 활동이 가능할지 전공별로 모색하여 최종적으로 탐방 자료집이 나온다.

진천의 농다리, 청주의 고인쇄박물관, 계룡산에 있는 자연사박물관, LG사이언스홀, 서울과학관, 용산의 장난감박물관 등 학생들을 자극할 수 있는 장소를 물색하여 유익한 탐방 자료를 개발하고자 노력한다. 탐방지에서 우리 학생들의 탐방 자료집은 빛을 발한다. 주위 관람객의 부러움과 함께 자료 요청이 쇄도하기도 한다.

집중교육 기간에는 매일 학생들 점호를 끝내고 오후 10시부터 지도교사들과 하루 일과에 대한 반성적 검토 시간을 갖는다. 영재교육원의 운영 측면에서 이 시간이 가장 중요하다. 그날 프로그램 운영은 제대로 이루어졌는지, 학생들의 반응은 어떠했는지, 학생들 사이에 무슨 문제는 없었는지, 주말교육에 비해 학생들의 태도는 어떠했는지, 수업 준비물은 제대로 제공되었는지 등 영재교육원 운영의 전반적인 사항을 검토하는 시간이다. 글로 다 표현할 수 없을 정도의 자질구레한 일들이 많이 일어난다.

그렇게 하루를 점검한다. 주로 지도교사들이 관찰하고 있던 학생들을 중심으로 회의를 이끌어 간다. 그러한 이야기들을 하다 보면 보통 2시간이 훌쩍 넘어간다. 그리고 학생들이 자고 있는 방들도 점검해 보아야 한다.

  일부 학생들은 착실하게 잠을 청하지만, 사실 많은 학생들이 늦은 밤까지 나를 맞이한다. 그날 이루어졌던 프로그램에 대해서 미진한 부분을 보완하려는 학생들도 있고, 협동 문제해결 과제에 대한 토론을 활발히 하기도 한다. 어떤 방에서는 마음에 맞는 학생들끼리 모여 자기들만의 대화를 나누기도 한다. 가끔 오락을 하다가 걸리는 학생들도 있다. 그들의 추억거리는 매우 풍성할 것이다. 이런 식으로 매년 이루어지는 여름 집중교육은 정신없이 지나간다.

◆ KYST 출전과 교훈

  여름 집중교육이 끝나면 KYST(한국 청소년 과학탐구토론대회)를 위한 영재교육원 대표 학생들의 합숙 활동을 지원해 주어야 한다. 올해까지 다섯 번 대회가 개최되었다. 매년 우리 영재교육원에서는 우수한 과학영재들이 대회에 참가하기를 권유하였다. 과학탐구토론대회 그 자체가 과학영재 교육의 중요한 모델 중 하나라고 믿기 때문이다.

  우리 대학의 정병훈 교수는 'IYPT', 일명 국제 청소년 물리탐구토론대회라는 고등학생 중심의 대회를 국내에 보급하였고, 한국영재학회와 한국과학재단의 지원을 받아 우리나라의 과학영재들도 그 대회에 참여할 수 있는 기반을 구축한 바 있다. 대회의 형식과 운영이 너무나도 독특하고 매력적이어서 그 대회를 접해 본 사람들은 모두 '아하!'라는 감탄사를 내놓는다. 1년간 다양한 탐구 주제를 연구하면서 얻은 결과물을 가지고 대회에 참가하는데, 발표와 반론, 그리고 평론이라는 특이한 방식으로 대회가 운영된다. 연구 결과물을 일방적으로 발표하는 것이 아니다.

이 대회의 로고는 창과 방패이다. 무엇을 의미하는 것인지 쉽게 이해될 것이다. 아마도 IYPT로 인한 '아하!' 덕분에 중학생 중심의 KYST가 과학기술부 및 한국과학재단의 지원을 받아 탄생되었다고 할 수 있다. 일단 KYST 조직위원회에서 문제가 발표되면 영재교육원에서는 학생들에게 문제를 소개하고 도전을 권유한다. 1차적으로 학생 스스로 문제를 해결하여 보고서를 제출하게 하고, 보고서와 발표 평가를 종합해서 영재교육원의 대표 학생을 선발한다.

초창기에는 많게는 3팀까지 출전시켰지만, 영재교육원 수가 증가하면서 참가팀 수가 제한되어 현재는 매년 2팀을 출전시키고 있다. 그만큼 교육 효과가 크다고 믿기 때문이다. 영재교육원에서는 선발된 학생들을 대상으로 기숙사 합숙 체제에 들어간다. 1팀당 1명의 지도교사를 배정해서 학생들의 활동과 생활을 도와준다. 길게는 3~4주를 희생해야 하므로 지도교사에게는 적절한 보상을 해준다.

　합숙 과정은 순전히 자기들만의 리그이다. 교수들은 전공별로 문제의 개요를 설명해 주고 그들의 링에서 빠져나와 기다린다. 학생들은 도움을 요청한다. 물론 실험 기구나 재료들은 그들 수준에 적합한 것들을 구해 주기도 한다. 그러나 전공 교수들의 생각을 학생들에게 일방적으로 전달해 주지 않는다. 그 순간 우리가 생각하는 교육은 생명력을 잃어버리기 때문이다.

　대회를 하면서 학생들의 발표 능력과 상대방의 문제점을 지적하는 능력은 놀랄 만큼 향상된다. 현장학습 효과 또한 이루 말할 수 없을 정도로 크다. 2004년 한국과학기술원에서 열렸던 2회 대회 때의 일이다. 그때 우리 영재교육원은 3팀을 출전시켰다. 2팀은 2~3학년의 심화과정 위주로, 1팀은 2학년 1명에 나머지 4명이 1학년인 기초과정 학생들로 구성하였다. 기초과정 위주의 팀은 자기들이 하고 싶다고 해서 할 수 없이 기회를 제공하였다. 이 팀은 정말 100% 알아서 하라고 하였다. 자기들 스스로 버려진 아이들이라는 농담도 했다고 한다.

　심화과정으로 구성된 2팀은 전담 교수를 지정해서 적절한 지도를 권유했다. 심화과정에 선발된 학생들은 정말로 우수한 학생들이었다. 그러나 한국과학기술원에서 열렸던 2회 대회에서 결과는 정반대였다. 어느 누구도 예상하지 못했던 일이 일어났다. 결승전에 진출한 팀은 주전팀이 아니라 경험삼아 출전한 기초과정의 후보 팀이었다.

　경쟁했던 팀의 수준에 따라 결승 진출 팀이 영향을 받을 수 있었지만, 어쨌든 우리의 후보팀은 경기를 진행하면서 놀라울 정도로 변화된 모습을 보여 주었다. 그 아이들은 사막에서 스스로 생존 능력을 터득한 선인장과 같았다. 우리가 어떻게 아이들을 지도할지 좋은 경험을 제공한 사건이었다. 학생들이 스스로 생각의 깊이와 범위를 넓혀 나갈 수 있도록 자유롭고 넓은 곳에 데려다 놓는 것만으로도 우리의 할 일을 다 했다고 생각해도 좋을 것 같다.

　매년 우리 영재교육원은 출전 팀 이외에 기초 사사의 형식으로 1팀을 더 훈련시킨다. 대회에는 출전하지 못하더라도 도전할 의사가 있으면 문제해결 과정에 참여시킨다. 하기 싫은데 부모의 강요에 의해 참여하는 듯한 학생도 있을 수 있지만, 이런 학생들은 자발적 연구과정에 적응하지 못한다.

　도전적인 문제해결 과정을 즐길 줄 아는 학생들에게 우리 영재교육원은 적극적인 지원과 격려를 아끼지 않는다. 학생들이 대회를 준비하는 과정에서 경험하는 것은 억만금을 주더라도 얻을 수 없는 고귀한 정신적 자산이 될 수 있다는 확신이 우리에게 있기 때문이다. 매년 멋지고 도전적이고 매력적인 문제가 공지되어 대한민국 청소년들을 지적으로 유혹할 수 있었으면 하는 바람을 갖고 있다.

　2007년 5회 대회에는 2팀이 참가하여 심화과정 5명과 기초과정 1명으로 구성된 토톨로지 팀이 결승전에 진출하여 우승의 기쁨을 맛보기도 했다. 대회에 참가한 대부분의 학생들은 열린 탐구 문제해결을 즐길 줄 안다. 우리는 학생들의 이러한 마음이 우리 영재교육원의 전통으로 이어지길 바라고 있다. 지난 10년 동안 이러한 전통은 우리 영재교육원의 겨울 집중교육을 통해 연계되어 왔다고 할 수 있다.

◆ 탐구토론대회의 열기가 뜨거운 겨울 집중교육

겨울 집중교육은 5박 6일 일정으로 진행된다. 오전과 오후에 각각 분야별 교육 프로그램이 진행되지만 영재교육원에서 가장 공을 들이는 과정은 공동 탐구토론대회이다. 대회의 형식은 IYPT(국제 청소년 물리탐구토론대회)와 유사하지만 장기 탐구는 불가능하므로 영재교육원의 실정에 맞춰 단기적으로 운영하도록 변형하였다.

몇 년 전까지만 해도 탐구 주제를 두 달 전에 공지하여 집중교육에 들어오기 전에 미리 팀을 짜서 부분적으로 문제를 해결하고, 집중교육의 야간 활동 시간에 추가적으로 문제를 더 해결하도록 하였다. 그러나 여러 가지 문제점이 발생하여 현재는 집중교육 입소 시점에 맞춰 문제를 공지하고 그때부터 4일 동안 밤 시간을 이용해 문제를 해결하도록 하고 있다.

KYST보다는 조금 규모가 작은 문제를 출제한다. 떨어지는 꽃잎의 모양을 탐구하라든지, 다양한 습기 제거제의 성능을 비교 조사하라든지, 계란을 삶는 방법에 따른 노른자의 변화를 조사하라든지, 또는 두루마리 휴지가 굴러가는 현상을 조사하라든지 다양한 소재를 활용하여 가급적 학생들의 지식 수준에서 폭넓게 조사할 수 있고 탐구 지향적이면서 다양한 해결 방안이 나올 수 있는 문제를 출제한다.

1년 동안 이루어지는 교육의 대부분이 3시간 단위의 탐구 프로그램으로 운영되는 반면, 탐구토론대회는 시작점만 주어졌을 뿐 그 나머지는 조별 협동을 통해 모든 과정을 해결해야 하므로 가장 열려 있으면서도 우수한 과학영재들에게 적합한 프로그램이라고 생각한다.

저녁에는 협동적으로 토론대회 과제를 해결하는 데 모든 시간을 투자한다. 지도교사들은 무척 바쁘다. 학생들이 요구하는 수많은 재료들의 목록을 만들어 영재교육원 행정실에 요구하고 행정실에서는 필요한 준비물들을 공급하느라 정신이 없다. 무엇인가 어수선하고 복잡한 것 같지만 그 과정에는 마치 껍질을 깨고 새로운 세상으로 나오려고 몸부림치는 지적 역동성이 존재한다. 이러한 역동성을 느낄 때마다 영재교육원의 존재 이유를 알 수 있다.

겨울방학 집중교육에서 기숙사의 불은 오랜 시간 동안 켜져 있다. 새벽 2시, 3시가 되어도 반 이상의 방에 불이 켜져 있다. 몇 개의 방에서 다른 짓을 해도 그대로 놓아둔다. 왜냐하면 더 많은 방에서 뜨거운 논쟁이 이루어지고 있기 때문이다. 영재교육원을 수료하고 과학고나 한국과학영재학교에 진학한 학생들에 대한 장기 추적 연구를 통해 밝혀진 바에 따르면 자체 탐구토론대회가 가장 인상적이었다고 한다.

참여하는 학생 수가 많기 때문에 각 조별로 탐구한 내용을 포스터로 전시하고 심사위원들에게 설명한다. 그 결과를 토대로 최종 탐구토론대회에 참가할 팀을 결정한다. 문항별로 대회를 하기 때문에 전공 교수와 지도교사들이 심사에 참여한다.

이러한 대회 결과가 심화과정 또는 사사과정으로 진학하는 데 영향을 줄 수 있기 때문에 많은 학생들이 적극적으로 동기가 부여되어 열심히 프로그램에 참여한다. 그러나 우리가 진정 바라는 것은 그 과정을 진심으로 즐기라는 것이다. 그런 학생들을 위해 과학영재교육원이 존재하는 것이다.

Chapter 3

영재들의 학습 방법

Chapter 3

영재들의 학습방법

머리 좋아지는 방법

강용희(경북대학교 과학영재교육원장)

여러 가지 비법을 소개하는 글들을 주변에서 흔히 본다. '3주 만에 10kg을 감량하는 방법'이라든가, '한 달 만에 단어 3,000개 외우는 비법', 또는 '1년 만에 10억 모으는 방법' 등. 그런데 막상 관심을 가지고 들여다보면 따라 하기가 무척 힘들거나 거의 불가능한 경우가 대부분이고, 심지어는 사기성 광고도 적지 않다.

하지만 여기 소개할 '머리 좋아지는 방법'은 비용이 거의 들지 않고 모르는 사이에 어렴풋이나마 터득했던 방법들이다. 이 비법을 소개한 글을 읽으면서 대부분은 속으로 '아하 그랬구나' 하고 느낄 것이다. 그래서 영재교육을 받고 있는 우리 학생들에게 꼭 들려주어야겠다고 마음먹게 되었다.

"머리가 좋아지고 싶어요! IQ 점수도 오르면 더 좋고요!"

누구나 이런 욕망을 가지고 있을 것이다. 힘들이지 않고 쉽게 공부하는 방법에 관심이 없는 사람은 없을 것이다. 그런데 살면서 힘들이지 않고 되는 법은 '자연에는 없다'는 것을 알게 되었다. 기계 장치 속에 머리를 집어넣거나, 또는 간단히 약 한 알을 삼키면 단숨에 그 어려운 일반상대성 이론의 '장의 방정식' 해법을 깨닫게 될 가능성은 없다는 것을 알았다.

지능지수(IQ)란 '검사된 정신 연령을 시간 연령으로 나눈 수에 100을 곱한 것'으로 정의된다. 그러므로 지능지수의 기본 점수는 100점이다. IQ 측정에는 여러 문제점이 있다.

예를 들어 IQ 문제 중에는 4가지 과일을 제시하고 이 중에서 다른 하나를 고르라는 것이 있다. 그런데 그 문제는 씨가 하나 이상인 과일을 찾는 것이다. 만일 이들 과일이 잘 알려지지 않은 것이라면? 분명히 이러한 문제는 문화적으로 왜곡되었다고 할 수 있다. 모든 사람이 안다고 미리 가정한 다음, 그 지식을 아는지 물으면서 지능을 시험한다고 주장하는 문제가 꽤 있다.

또 문자 배열 'ANLDEGN'을 제시한 다음 이 문자들을 재배열해서 바다, 도시, 주 또는 나라의 이름을 만들어 보라는 문제가 있다. 이 문제는 문제를 푸는 기술을 시험하는 것이다. 비슷한 유형의 문제를 미리 경험해 본 사람이라면 어렵지 않게 해결할 수 있을 것이다. 같은 지능을 가졌더라도 선다형 시험에서 높은 점수를 얻는 간단한 기술을 익히지 못한 사람은 점수가 낮을 수밖에 없다.

chapter 3
영재들의 학습방법

그렇다면 실생활과 IQ 점수는 얼마나 깊이 관련될까? 지난 세기에 획기적인 업적을 이루었던 위인들, 예를 들어 헨리 포드의 IQ 점수는 얼마였을까? 아무도 관심이 없을 것이다. 왜냐하면 그런 사람들은 머리 좋은 사람들에 둘러싸여 일했을 것이기 때문이다.

원하는 것이 실생활이라면 일상생활에서 더욱 창의적으로 문제를 해결하는 기술을 익혀야 할 것이다. 집중하기를 원한다면 그를 위한 기술이 필요하다. 속독을 배우면 같은 시간에 2배의 지식을 얻을 수 있다. 그러므로 최초로 모나리자를 그리고, 최초로 마천루를 건설하고, 최초로 백만불을 번 사람의 IQ 점수에 대해 아무도 관심 없다는 사실을 이해할 수 있을 것이다.

그렇지만 우리는 자신이 가지고 있는 지능을 최대한 활용하여 일상생활에서 부딪히는 문제들에 더욱 현명하고 슬기롭게 대처하고 싶어한다. IQ 검사가 그러한 능력을 측정하는 것이라면, 물론 누구나 높은 점수를 선호할 것이다.

물려받은 지적 능력이 아무리 높더라도 스스로 노력하고 연마하지 않으면 개인뿐만 아니라 사회적으로도 엄청난 손실이라고 할 수 있다. 그러므로 자신의 타고난 지능을 극대화하기 위한 노력은 21세기 고도 지식 사회를 지향하는 우리의 목표를 더욱 앞당길 수 있을 것이다.

거창하게 들릴지도 모르겠으나 지금부터 소개할 '머리 좋아지는 방법'을 그러한 노력에 대한 도움의 하나로 이해해 주었으면 하는 바람이다.

◆ 머리 좋아지는 방법(순서에 상관없음)

1. 깊게 숨쉬기 : 더 많은 공기를 피 속에 공급하면 뇌에 더 많은 산소가 공급된다. 코로 숨을 들이켤 때 횡격막을 충분히 사용하면 폐 속 깊숙이 더 많은 공기를 보낼 수 있다. 서너 차례의 심호흡으로 긴장은 풀리고, 머릿속은 맑아진다.

2. 명상 : 눈을 감고 숨쉬기에 집중하면서 마음을 다스리는 것. 이것이 지금 당장 할 수 있는 명상이다. 시작하기 전에 근육의 긴장을 푸는 것이 도움이 된다. 마음이 흔들리면 곧 숨쉬기에 주의를 집중하라. 5분에서 10분 동안의 명상은 몸의 긴장도 풀고, 머리를 맑게 해주어 어떠한 정신 노동도 잘 견딜 수 있게 된다.

3. 똑바로 앉기 : 자세는 생각에 영향을 준다. 머리를 숙이고 입을 벌린 채 아래를 쳐다보면서 어려운 문제를 풀어 보라. 이번에는 입을 다물고 똑바른 자세로 앉아서 정면보다 조금 높은 곳을 바라보며 머릿속으로 문제를 풀어 보라. 후자가 훨씬 더 낫다는 것을 곧 느낄 수 있을 것이다.

4. 좋은 사고 습관 갖기 : 몇 주에 걸쳐 문제풀이 기술을 익히면 습관이 된다. 이미 풀어 본 것들을 재설계하는 것을 습관화하라. 약간의 노력으로 좋은 사고 습관을 개발하면, 그 다음부터는 힘들이지 않고 더욱 다양한 기술을 가질 수 있다. 습관의 힘을 이용하라.

5. 무용 시간 사용하기 : 쓸데없이 낭비되는 시간, 기다리는 시간, 차 타는 시간, 대기실에서 허비하는 시간, 허드렛일이나 청소하는 시간도 여기에 포함된다. 이 시간에 녹음 테이프를 들을 수도 있다. 1년에 대략 200시간을 차 속에서 허비한다. 이 시간을 활용하면 많은 것을 얻을 수 있다.

6. 외국어 공부하기 : 새로운 언어의 학습이 두뇌 기능의 노화

를 억제한다는 사실은 잘 알려져 있다. 외국어 학습은 새로운 개념과 사고방식을 얻게 해준다. 외국어 공부는 최고의 두뇌 운동 중 하나이다.

7. 주의력 집중 훈련 : 산란한 마음을 추스르면 자동적으로 생각이 맑아지고 쉽게 집중할 수 있다. 그러므로 혼란스러운 마음을 다스리는 훈련이 필요하다. 자신을 괴롭히는 미세한 일들이 포착되면 곧 그에 대처해야 한다. 이것은 꼭 필요한 전화를 당장 걸고, 해야 할 일들을 쪽지에 적어 두고 실행하는 것과 같다. 연습을 통한 주의 집중 훈련으로 사고력을 더욱 증진시킬 수 있다.

8. 쓰기 : 글쓰기는 몇 가지 측면에서 우리의 정신 건강에 유익하다. 자신의 기억에서 무엇이 중요한가를 알려 주어 앞으로 일어날 일들을 쉽게 예견할 수 있게 해준다. 또 자신의 생각을 명확하게 정리해 준다. 즉 창의력과 분석 능력을 행사할 수 있게 도와준다. 일기 · 아이디어 노트 · 시 · 비망록과 소설책 쓰기 등은 자신의 두뇌력을 증진시켜 주는 좋은 수단이다.

9. 모차르트 음악 듣기 : 연구에 의하면 피아노를 배우거나 합창단의 일원으로 매일 노래하는 아이들이 수수께끼를 훨씬 잘 푼다고 한다. 공간지능 검사 결과 이들은 비음악 그룹에 비해 80%나 더 높은 점수를 얻었다. 또 다른 연구에서는 표준 IQ 테스트에 나오는 3가지 공간 추리 문제를 풀기 직전에 모차르트의 '2개의 피아노를 위한 소나타 D장조' K. 448번을 10분 동안 듣게 한 학

생들은 그렇지 않은 학생들에 비해 점수가 9점이나 높게 나왔다. 모차르트로 인해 점수가 오른 셈이다!

　10. 직관력 개발 : 직관력은 두뇌력의 중요한 일부이다. 아인슈타인을 비롯한 위대한 과학자들은 특히 직관적 예감이 크게 발달했던 것으로 알려져 있다.

　11. 잘 자기 : 어느 정도의 수면, 최소 5시간의 수면을 취한다면 두뇌 활동에 충분한 것으로 알려져 있다. 수면은 양보다는 질이 더 중요하다. 오후의 짧은 낮잠은 두뇌 재충전에 좋은 것으로 알려졌다.

　12. 속독 : 일반적인 생각과는 달리 속독에 의한 학습이 더 잘 이해된다고 한다. 속독을 통해 짧은 시간에 많은 것을 배우며, 결국 좋은 두뇌 운동도 된다.

　13. 운동 : 장기간에 걸친 운동은 두뇌력을 증진시킨다. 육체건강에 좋은 영향을 주는 것은 두뇌에도 그러하다. 최신 연구에 의하면 단 10분간 이루어진 에어로빅 운동도 인지 능력을 개선한다고 한다. 두뇌 재충전이 필요하다면 계단을 몇 차례 오르내리는 것도 좋다.

　14. 걷기 : 운동이 두뇌에 유익하다는 것은 이미 언급했다. 걷기는 최고의 운동이다. 두뇌에 전달되는 낮은 충격과 리드미컬한 감각은 명쾌한 사고에 도움을 준다. 실제로 20분 정도의 걷기는 문제풀이에 큰 도움을 준다. 대철학자 칸트나 악성 베토벤이 산

책을 즐겼다는 사실은 우리에게 많은 것을 알려준다.

15. 가상적 친구 : 마음속에 설정된 인물과 대화하고 조언을 받는 것은 자신의 무의식으로부터 정보를 끌어내는 좋은 방법이다. 조언받고 싶은 분야에서 높은 지식을 갖춘 인물과의 대화를 상상해 보자.

16. 창의력 개발 : 창의력은 사고력을 키운다. 컴퓨터로 계산은 할 수 있지만, 인간처럼 창의적 사고를 통하여 미지의 세계를 구현해 낼 수는 없다. 창의성을 개발하는 방법을 익히자.

17. 효과적으로 배우기 : 무엇을 배우기로 마음먹었다면 메모부터 시작하자. 각 학습 단계마다 한두 개의 질문을 남겨 두고, 기대와 호기심을 불러일으켜라. 학습 단계마다 잠시의 휴식을 두어 더 많은 시작과 끝을 만들어라. 처음과 마지막에 배우는 것들이 더 잘 기억되기 때문이다.

18. 명쾌한 사고를 위한 기술 : 공부방이 어지러우면 생각도 흐트러진다. 정신 노동을 위한 공간을 꾸미자. 심호흡과 스트레칭으로 힘든 정신 노동을 시작하자. 브레인스토밍을 위하여 언제든지 산란한 정신을 추스르고 기를 모으는 시간을 갖자.

19. 말하기 : 실제로 해본 사람들은 말하기는 두뇌에 유익하다는 것을 잘 안다. 잘 이해하지 못한 것을 친구에게 설명해 보라. 남에게 설명하는 과정에서 스스로 더 잘 이해할 수 있게 됨을 깨달을 것이다.

20. 즐거운 일을 하라 : 이것은 스트레스를 줄이고 두뇌 회전을 활성화한다. 활동적인 일일수록 더욱 좋다. TV 시청보다는 크로스워드 게임이든, 새집 짓기든 적극적으로 참여하는 활동을 즐기면 걱정도 없어지고 더 잘 생각할 수 있게 된다.

21. 신념 갖기 : 스스로 나는 똑똑하고, 더 똑똑해질 수 있다고 믿으라. 이를 위해 자신에게 긍정적이어야 한다. 자신의 성공을 글로 남겨 두라. 창의적인 일을 했을 때는 자신에게 '정말 잘 했어요!' 하면서 스스로를 칭찬해 주라. 좋은 아이디어가 떠오르면 즉시 적어 두자. 자신의 총명함을 보여 주는 증거를 모아두면, 자신이 그러하다는 확신을 갖게 될 것이다.

22. 두뇌 운동 : 머릿속으로 숫자를 떠올리고 계산해 보자. 눈에 보이는 모든 것들에 대해 새로운 용도를 고안해 보자. 이런 식으로 두뇌를 계속 사용하면 새로운 뉴런의 성장이 촉진된다고 한다. 또한 노화에 따른 정신 기능의 감퇴도 멈출 수 있다.

23. 새로운 학습 : 이것은 또 다른 두뇌 운동이다. 차를 몰 때 오디오 북을 듣거나 FM 교육방송 녹음을 듣는 것 같은 약간의 시간 투자로도 가능하다.

24. 모델 삼기 : 창의적이고 지적이며 매우 생산적인 인물을 찾아보자. 그들이 한 일을 해보고, 그들이 생각한 것들을 생각해 보자. 이것이 신경언어학 프로그램의 주요 관건이다. 이들의 충고를 따르는 데는 주의해야 한다. 성공적인 사람은 실제로 왜 그들

이 성공적이었나를 이해하지 못한다. 그들이 한 것을 따라 하되, 그들이 말한 것을 해서는 안 된다.

  25. 웃음 : 웃음은 엔도르핀 분비를 촉진하며 스트레스를 낮추고 장기적으로 두뇌 건강에 도움을 준다. 웃음은 또한 새로운 아이디어와 생각에 자신을 더욱 개방적으로 만들어 준다.

  26. 놀이 : 두뇌의 자극은 두뇌 조직에 측정 가능한 변화를 유발한다. 새로운 두뇌 세포의 성장과 연결이 이루어진다. 지능적인 놀이뿐만 아니라 손과 눈을 연동하는 놀이는 두뇌 자극에 효과적이다.

  27. 동기부여 : 모든 일에 그러하듯이 동기는 특히 정신적 작업에 중요하다. 자기 동기부여를 위한 몇 가지 간단한 기술을 익혀야 한다.

  28. 질문하기 : 질문은 두뇌를 건강하게 만드는 좋은 방법이다. 스스로에 대해서라도 자주 질문하는 습관을 갖도록 한다. 머리에 떠오르는 어느 것이라도 질문하고, 가능한 해답을 얻기 위해 깊게 생각해 보자.

  29. 조금 먹기 : 과식은 소화 과정으로 더 많은 혈액을 돌리는 효과를 낳아 뇌 혈류량을 감소시킨다. 이 현상은 동맥 장애를 불러들여 뇌 혈류를 영속적으로 감소시킬 수도 있다. 연구에 의하면 칼로리 제한 다이어트를 한 쥐의 두뇌 활력이 보통의 쥐에 비해 훨씬 좋다고 한다.

30. 아침 먹기 : 연구에 의하면 아침을 먹지 않던 아이가 아침을 먹기 시작하면 수학 성적이 전반적으로 오르는 것으로 나타났다.

이밖에도 두뇌 발달에 유익한 음식이라든가 정신집중에 좋은 보조 기구 등을 소개할 수 있으나, 다음 기회에 자세히 전하도록 하겠다. 끝으로 이 글은 스티브 길먼(Steve Gilman)이 저술한《A Book of Secrets》의 제5장에서 발췌 인용했음을 일러 둔다.

원의 면적은 0이다?

장건수(연세대학교 과학영재교육원장)

◆ **수재, 천재, 영재의 차이**

우리는 흔히 남보다 재능이 뛰어나고 영리하고 똑똑하다고 하는 아이를 수재(秀才), 천재(天才) 또는 영재(英才)라고 한다. 필자가 어렸을 때는 공부 잘하고 똑똑한 아이를 수재라고 하였는데, 그 후 '천재'라고 부르더니 요즘은 '영재'라는 말을 많이 쓴다.

국어사전을 보면, 수재는 학문이나 재능이 뛰어난 사람(genius), 천재는 날 때부터 갖춘 뛰어난 재주, 또는 그 사람(genius), 영재는 뛰어난 재주, 또는 재주 있는 사람(gifted and talented person)이라고 기술하고 있다. 이 설명만으로는 수재, 천재, 영재의 차이점을 잘 알 수 없다. 여기서 필자 나름대로 수재, 천재, 영재의 개념을 정의하고 그 차이점을 기술해 보기로 한다.

chapter 3

 천재는 사전에서 설명한 것처럼 글자 그대로 태어날 때부터 하늘(부모)로부터 받은 뛰어난 재주를 가진 사람이다. 그 재주가 모든 과목에서 공부를 잘하는 재주(예를 들면 전교 일등)일 수도 있고, 어느 한 과목만 잘하는 재주(예를 들면 전체 성적은 중간 정도지만 수학에서는 일등), 이해력은 없지만 암기는 잘하는 재주, 또는 운동·음악·미술 등 어느 한 분야에서 뛰어난 능력을 가진 재주일 수도 있다.

 수재는 타고난 재주와는 상관없이 열심히 노력하여 학문이나 재능이 남보다 뛰어난 사람이다(열심히 노력하여 성공한다는 자체가 타고난 능력일 수도 있다). 아무리 천재라 하더라도 노력이 없으면 성공하지 못한다. 우리는 주위에서 이와 같은 경우를 많이 볼 수 있다. 천재보다는 수재가 성공할 가능성이 훨씬 높다.

 독일의 수학자 가우스(Gauss, 1777~1855)는 세 살 때 아버지 회사의 직원들 급료 계산이 틀린 것을 지적했고, 열 살 때는 1에서 100까지의 수를 더하는 덧셈 계산을 쉽게 하는 방법을 말해서 선생님을 놀라게 했다. 가우스는 대성해서 우수한 수학자로 활동하였다. 수학의 천재라고 할 수 있다.

 반면에 물리학자 아인슈타인(Einstein, 1879~1955)은 수학과 물리학에 뛰어난 재능은 있었지만 대학 입시에서 낙방하고, 스무 살이 되어 대학을 졸업하고도 중학교 교사 자리도 얻지 못했다. 그러다가 친구의 소개로 스위스 특허청에 말단 공무원으로 취직

한다. 그러나 끊임없는 노력으로 대성하여 훌륭한 물리학자가 되었다. 물리학의 수재라고 할 수 있다.

영재는 수재와 천재의 능력을 다 갖춘 사람이라고 할 수 있다. 영재는 타고난 재주도 있어야 하고 열심히 노력하는 능력도 있어야 한다. 여기서 하나의 조건이 더 추가된다. 영재는 사회 발전에 공헌할 수 있는 사람이어야 한다.

가령 컴퓨터에 뛰어난 재능을 가진 사람이 있다고 하자. 이 사람은 컴퓨터 천재이다. 그가 컴퓨터 조작 기술을 발휘해 다른 사람의 은행 계좌에서 많은 돈을 인출해 유흥비에 탕진했다면 은행에 피해를 주고 사회를 혼란스럽게 한 것이다. 이런 사람은 컴퓨터 영재라고 할 수 없다. 영재교육에서도 인성 교육이 중요한 이유가 여기에 있다.

◇ 과정을 중요시 여기는 교육

1999년 9월에 설립된 연세대학교 과학영재교육원은 2007년 2월에 7기생을 배출했고, 현재 8, 9기생 200여 명을 교육하고 있다. 그동안 영재교육원을 운영하면서 학부모들로부터 많은 질문을 받았는데 대부분이 "어떻게 공부하면 영재교육원에 입학할 수 있느냐?"였다. 학교장의 추천을 받아야 하고, 선발시험(1차 필기

Chapter 3
영재들의 학습방법

시험과 2차 면접시험)에 합격해야 한다고 대답하면, 그 다음 질문은 "시험 준비는 어떻게 하느냐?"이다.

시험 준비는 안 해도 되고 그 학생의 평소 실력대로 편안한 마음으로 시험을 치르게 하라고 대답한다. 단기적으로 한 번에 무엇을 하기보다는 장기적으로 꾸준히 다양하게 공부해야 한다는 뜻이다. 학부모 입장에서는 답답하기 이를 데 없는 대답이라고 생각하지만 더 이상 모범 답안이 없으니 그렇게 대답할 수밖에 없다.

한 가지만 예를 들어 설명해 보기로 하자. "반지름이 3cm인 원의 넓이는 얼마인가?"라는 질문을 학생에게 했다고 하자. 원의 면적을 구하는 공식을 알고 있는 학생은 $\pi \times (반지름)^2 = 9\pi$라고 대답할 것이다. 물론 맞는 답이다. 그런데 0이라고 대답한 학생이 있다고 하자. 대부분의 선생님들은 그것도 모르냐면서 답이 틀렸다고 0점을 줄 것이다.

그러나 영재교육원 교수들은 다음 질문을 한다. "왜 이런 답을 생각하게 되었니?" 여기서 두 가지 답을 가정해 보자. 첫 번째 대답은 "공식을 몰라서 제일 쉬운 숫자 0이라고 그냥 해본 거예요." 이 학생은 물론 영재도 아니고 불합격이다. 그러나 영재 후보 학생은 "평면에서는 선분이나 곡선의 면적이 0이고, 선분을 변형하면 원이 되므로 원의 면적도 0이라고 생각했습니다"라고 대답할 것이다.

우리가 영재라고 생각하는 학생은 너무 깊게 생각해서 답은 틀렸지만 그가 생각한 과정은 9π라고 정답을 말한 학생보다 훨씬 우수하다고 본다.

그러면 왜 원의 면적은 0이 아니고 9π일까? 그것은 우리가 '원과 그 내부로 구성된 도형의 면적'을 간단히 '원의 면적'이라고 약속해서 쓰기 때문이다. 삼각형의 면적, 사각형의 면적도 위와 같은 약속에 따라 사용되고 있다.

위에서 한 가지 간단한 예를 가지고 설명했지만, 영재교육에서는 정답을 맞히는 것도 중요하지만 그 과정은 더욱 중요하다. 잘

Chapter 3 영재들의 학습방법

알려진 공식도 다른 관점에서 생각해 보고, 주위의 간단한 자연 현상을 관찰하고 그것을 토대로 새로운 사실을 발견하는 창의성, 응용력 등을 기르는 습관이 몸에 배도록 장기적으로 꾸준히 노력해야 한다.

깊게 사고하고 때로는 엉뚱한 생각(일반 사람이 보기에는)도 하는 학생, 학교 성적은 아주 우수하지 않지만(우수하면 더욱 좋고) 어떤 특정 과목이나 분야에 뛰어난 능력을 가진 학생을 발굴해 사회 각 분야에서 지도자로 활동하면서 국가·사회 발전에 기여할 수 있는 인재로 육성하는 것이 영재교육의 목표라고 할 수 있다.

논리적·창의적·반추적 사고를 통한 문제해결력 신장

김철민(제주대학교 과학영재교육원장)

제주대학교 과학영재교육원이 설립되어 중등부 정보과학반의 교육과정이 운영된 지도 벌써 햇수로 8년째이다. 지금도 그렇지만 8년 전에도 '정보과학은 논리적 사고, 창의적 사고, 반추적 사고 등 고등 사고 기능을 신장시켜 실생활에서의 문제해결 능력을 배양하는 최적의 분야'라는 확신을 가지고 있었다.

그렇기에 "원리 탐구에 대한 내적 동기를 부여하고, 정보 활용에 대한 올바른 가치관 및 태도를 갖게 하며, 정보처리 하드웨어와 소프트웨어에 대한 시스템적 시각과 창의적·생산적 사고능력을 배양함으로써, 지·정·의 요소 전면에서 차원 높은 문제해결 능력을 갖춘 실력 있는 지도자를 양성하는 것을 목적으로 한다"라는 이상적인 교육목적을 설정해 놓고 실제로 그 목적에 합당한 교육과정을 운영할 수 있을 것이라 기대하지 않았나 싶다.

◆ 정보과학반 운영진의 교육철학

 초창기에 운영했던 교육과정은 정보과학의 역할과 원리, 정보처리 도구의 활용, 정보처리 도구의 개발, 창의적 정보처리 및 문제해결 등의 영역을 기초과정에서, 문제해결 고급 기술과 문제해결 프로젝트 영역을 심화과정에서, 연구과제 수행 영역을 사사과정에서 다루는 큰 틀이 있고, 구체적인 세부 주제들이 각 영역에 포함된 형태로 구성되어 있었다.

 물론 처음에 만들었던 교육과정이 8년 동안 개편 없이 운영되어 온 것은 아니다. 때로는 강사 수급 여건 등 현실적 이유 때문에, 혹은 자타의 평가에 따른 개선의 필요성 때문에, 교육과정에 대한 부분적 개편이 수차례 있었다. 이러한 개편 작업은 특정 개인의 결정이 아니라 교육과정 운영에 참여하는 교수님들의 논의와 합의를 바탕으로 한 것이었으며, 그 논의의 근간이 되는 것은 개편된 교육과정이 교육목적 성취에 여전히 합당하고 효과적인지였다.

 교육과정을 만든 후 정보과학반에 남겨진 과제는 각각의 주제들을 어떻게 다룰 것인지에 대한 논의였다. 당연히 논의의 초점은 교육목적의 성취에 두어야 했기에 교수학습의 핵심은 '정보과학의 주요 원리나 개념 등을 제시하며 학생들을 다양한 상황의 실질적 문제에 직면시킴으로써 그곳에서 자연스럽게 가치 판단이 이루어지고 고등 사고가 일어나도록 유도하는 것'으로 정리되었다. 이러한 교수학습법은 정보과학반의 운영진 모두가 공감하고 있었던 다음의 교육철학과 맥을 같이하는 것이다.

- 개인은 생득적 잠재력을 가지고 있다. 그 중 일부는 이미 독특하고 소중히 여겨야 할 특별한 장점으로 발현되고 있으며, 또 다른 일부는 개인이 지닌 약점(왜곡된 요소)들로 인해 제한적으로 발휘되고 있다.
- 개인은 생득적인 인지적·심미적 욕구를 가지고 있으며, 각 개인에게 어떤 것을 스스로 할 수 있는 기회를 제공함으로써 자아실현의 동기를 형성해야 한다. 성공적인 활동을 할 때 주목(인정·격려)해 줌으로써 동기를 부여하고, 개개인이 지닌 약점을 발견하여 이를 보완·개선함으로써 잠재력을 발휘하는 역량을 극대화해야 한다.
- 창의적 사고는 개인의 생존과 변화·발전에 필수적이다. 창의적 해결의 요소는 가르칠 수 있지만, 창의적 사고 자체는 스스로 발견하고 훈련해야 한다. 발산적(확산적) 사고능력으로서의 '협의의 창의성'이 아니라, 새롭고 유용한 어떤 것을 생산해 내는 행동 또는 정신 과정으로서의 '광의의 창의성', 기존 정보(지식, 즉 심상이나 개념)를 특정 요구조건에 맞거나 유용하도록 새롭게 조합(combination)·연결(connection)·

결합(association)시키는 '과정으로서의 창의성'에 초점을 맞추어야 한다.
• 개인의 가치관 및 태도는 교육 효과 극대화의 기본 요소이다. 옳고 그름을 분별하고 보다 가치 있는 것을 선택할 줄 알며 겸손과 사랑으로 실천하는 영재를 키워야 한다.

◇ 영재 내부에 있는 '과학자'와 '예술가'

지금까지 8년간 정보과학반 기초과정 혹은 심화과정 영재들을 가르치면서 파악한 그들의 학습법을 개괄적으로 정리해 보면 다음과 같다. 우선 긍정적 측면부터 보면 현상에 대한 호기심이 컸고, 끝까지 문제를 풀어 내려는 집착력이 강했다. 대부분의 경우 꾸준히 공부하는 습관을 가지고 있었고, 각자 나름의 효과적인 학습법 혹은 암기법 등을 가지고 있었다. 기본적인 지식이 많은 것은 물론이다.

하지만 이런 긍정적인 부분들이 온전히 학습효과로 이어지지 못하게 만드는 부정적 측면도 많았다. 영재 학생들이 알고 있는 대부분의 지식들은 단편적이었고, 틀에 짜맞추어진 지식이었다. 학습한 개념이나 원리에 대한 직관적 이해가 부족했다. 그래서 영재 학생들이 가진 지식의 대부분은 산지식이 아니라 무미건조

한 죽은 지식이었다.

문제를 '어떻게' 푸는지 그 방법은 알지만 그 방법을 적용하면 '왜' 정답이 얻어지는지 그 이유를 모르는 경우가 많았다. 더욱이 주어진 문제해결 방법이 좋은 방법인지에 대해서나, 좀 더 좋은 방법을 찾기 위한 노력의 필요성에 대해서는 거의 생각하고 있지 않았다.

신학자 샐리 맥패그(Sallie McFague)가 말한 "이미지는 개념을 먹여 살찌우고 개념은 이미지의 규율을 잡는다. 개념이 빠진 이미지는 장님과 같고 이미지가 없는 개념은 불모지와 같다"는 것이 영재들이 습득한 지식의 상태를 정확히 표현하고 있다고 생각한다. 개념과 이미지가 연합하여 빚어 내는 창조성은 상상력을 통해 과학과 예술이 상호 작용할 때 나오는 것이다.

우리 각자 안에는 사실과 개념을 쪼개고 분석하는 '과학자'가 있는 반면, 쪼개진 것들을 다시 하나로 묶어 딱딱한 개념을 생생한 그림으로 만들고, 건조한 정보를 사람을 움직이는 동기로 만드는 '예술가'도 있다. 학습효과를 극대화하고 창의력을 증진시키려면 학습과정에서 우리 안에 있는 '과학자'와 '예술가'가 온전히 연합하여 상호 작용하게 만들어야 한다.

이것을 가능케 하는 것이 상상(想像) 작용이다. 영재 학생들이 자기 마음의 화랑(畵廊)에 구체적인 상(그림)을 그릴 수 있도록 도와주는 것이 영재들을 가르치는 이가 담당해야 할 기본 임무라 생각한다.

정보과학반의 몇몇 영재 학생들이 했던 말을 기억한다. 서로 관심 영역이 비슷한 학생들을 만나고, 또 교수님들을 만나 실질적이고 구체적인 것들에 대해 자유롭게 의견 교환을 할 수 있는 것 자체가 큰 공부라고. 정보과학반의 교육과정을 통해 학교에서 다루지 않는 부분을 다루어 보고, 일상적인 것도 다른 각도에서 생각해 보고, 학원에서 다루는 것보다 때론 더 깊이 때론 더 넓게 바라볼 수 있는 소중한 경험을 갖게 되어 좋다고.

나는 영재 학생들의 이런 말이 그들 안에 웅크리고만 있을 뿐 발현되지 못하던 창조성에 대한 갈증이 과학영재교육원의 교육과정을 통해 다소나마 해소되면서 자연스럽게 나온 고백이라 생각한다. 그래서 이런 학생들을 볼 때마다 그들의 창조성이 발현·개발되도록 북돋아 주지 못하는 교육 현실이 안타깝다.

◇ 상상력을 자극하여 사고력을 키운다

창의력, 분석력, 논리력, 협동력 등 영재들이 배양해야 할 능력이 궁극적으로 문제해결 능력과 연결되어 있다는 점을 고려할 때, 정보과학이 본성적으로 '컴퓨터를 이용한 문제해결'이라는 키워드를 가지고 있다는 점은 매우 고무적이다.

정보과학은 컴퓨터 등의 정보기기들을 이용해 우리가 풀어야 할 수많은 문제들(문서 편집, 디자인, 지식 검색, 의료·교통·교육 서비스, 자료 송수신, 게임 등)을 보다 편하게 또 효율적으로 해결할 수 있는지 고민하는 분야이다. 실제로 정보과학이 '문제해결'과 관련하여 얼마나 폭넓은 영역에서 다양한 유형으로 연관되어 있는지, 정보과학에서 다루어지는 주된 요소 몇 가지를 살펴보면 다음과 같다.

컴퓨터 시스템은 스스로 처리할 수 있는 다양한 유형 및 수준의 언어(프로그래밍 언어)를 가지고 있다. 컴퓨터 시스템이 이런 언어들을 효과적으로 이해·수행하기 위해 부딪히는 수많은 문제들

Chapter 3 영재들의 학습방법

을 어떻게 해결하고 있는지, 이를 위해 하드웨어적 혹은 소프트웨어적인 다양한 구성 요소들이 어떻게 유기적으로 상호 작용하고 있는지 들여다보면, 그곳에는 수학적 · 공학적 · 과학적 개념이나 원리뿐 아니라 인문사회학적 · 경제학적 · 인체공학적 · 심리학적 · 언어학적 · 예술적 요소들까지 발견된다.

컴퓨터 시스템 안에 또 다른 세계가 있고 그 속에서 발생하는 수많은 문제가 그곳에서 해결되고 있는 것이다. 이뿐만이 아니다. 컴퓨터 시스템과의 의사소통 도구로서 수많은 프로그래밍 언어를 익히면서 문제해결의 열쇠가 언어를 이용한 환경과의 의사소통임을 알게 된다. 그리고 컴퓨터 시스템을 이용해 실세계의 문제를 해결하려 할 때 활용할 수 있는 접근방법에는 어떤 것들이 있는지를 비롯해, 고전적인 수많은 문제들과 그 해결방법(알고리즘)도 고찰하게 된다.

또한 특정 알고리즘이 실용적인지 분석하는 방법과, 어떤 알고리즘이 보다 좋은지 평가하는 방법도 배운다. 특정 프로그래밍 언어를 이용하여 어떻게 프로그램(컴퓨터 시스템이 수행할 수 있는 알고리즘)을 작성하는지, 프로그램의 문법적 · 논리적 오류는 어떻게 찾아내고 수성하는지, 보다 좋은 프로그램은 어떻게 만들 수 있는지, 정보과학의 주요소 모두가 문제해결에 집중하고 있다.

지금까지 정보과학 교육과정을 운영해 오면서 주로 담당한 주제는 학습자의 고등 사고(논리적 사고, 창의적 사고, 반추적 사고 등)

기능을 훈련하기에 적합한 '컴퓨터 관련 수학', '알고리즘', '프로그래밍' 등이다. 관련 주제를 가르칠 때 내가 주안점을 둔 것은 영재들의 문제해결력 배양의 기반이 되는 고등 사고 기능을 신장시키는 것이었다.

교수학습 활동의 뼈대는 프로그래밍 언어가 제공하는 기능요소(특정 기능을 발휘하여 그에 대응되는 문제를 해결해 주는 요소)와 조합요소(기능요소들을 조합할 때 사용되는 요소)를 논리적·창의적으로 엮어 가며 보다 큰 문제를 해결할 수 있는 기능요소를 만드는 것이다. 이 과정에서 주어진 기능요소와 조합요소를 익히는 활동, 주어진 문제를 해결하기 위해 기능요소와 조합요소를 어떻게 엮을지 고민하고 설계하는 활동, 설계된 내용에 맞게 프로그램을 작성하는 활동 등이 요구된다.

프로그램을 컴퓨터 시스템이 이해할 수 있게 만들고, 컴퓨터 시스템이 그 프로그램을 수행하면서 문제를 올바로 해결하게 만드는 활동은 프로그램 작성자가 피해 갈 수 없는 큰 산이다. 이 과정에서 프로그램 작성자에게 요구되는 것이 반추적 사고(자신의 생각에 대해 생각하는 사고)이다. 프로그램(작성자의 생각이 투영된 산출물)의 어떤 부분에 오류가 있는지, 어떤 부분이 비효율적인지, 그것을 어떻게 수정하고 개선해야 하는지 등을 생각해서 고치고 테스트하는 과정을 반복하면 한 차원 높은 사고 기능이 자연스럽게 배양되는 것이다.

chapter 3
영재들의
학습방법

　자유롭게 상상하며 자기 내면에 그렸던 그림들이 컴퓨터를 통해 구체적으로 실현되는 것을 눈앞에서 확인하고 뿌듯해하던 학생들의 모습이 떠오른다. 자기 생각의 오류를 찾아 개선해 가고 올바른 답, 보다 좋은 답을 찾아가던 학생들의 모습에서 참된 가르침과 배움의 의미를 발견하곤 했다. 영재 학생들의 교수학습법으로 지향해야 할 것은 영재 학생들의 상상을 자극하는 것이다. 상상을 통해 무미건조하고 단편적인 수많은 지식들이 체험되고 내면화되어 그들의 삶과 연결된 진정한 지식이 되도록 하는 것이다. 정보과학은 그런 목적으로 가르치고 배우기에 정말 좋은 분야이다.

창의성을 높여 주는 학습방법

박종원(전남대학교 과학영재교육원장)

◇ 과학지식을 절대 진리라고 생각하지 말자

과학지식은 엄격한 논리적 근거와 실험적 증거에 의해 확립되는 지식이다. 그런 의미에서 학생들은 과학지식이 참이라고, 또는 진리라고 생각하는 경향이 있다. 그러나 정말 과학지식은 절대 변하지 않는 절대진리일까?

기본적인 과학적 사고의 하나인 귀납적 사고를 생각해 보자. 귀납적 사고란 "제한된 수의 관찰 사실로부터 '항상', '모든'이라는 일반법칙을 제안하는 사고"라고 할 수 있다. 예를 들면 1기압에서 순수한 물을 100번 끓였을 때 항상 100℃에서 끓었다면 우리는 "모든 순수한 물은 1기압에서 항상 100℃에서 끓는다"라고 주장할 수 있다. 그러나 100번의 관찰만으로 이렇게 주장하는 것이

Chapter 3
영재들의 학습방법

과연 옳다고 할 수 있을까?

이에 사람들은 가능하면 많은 관찰을, 다양한 상황에서 해야 하고, 이제까지의 관찰과 반대되는 사실이 없어야 한다는 조건이 필요하다고 말한다. 그런데 중요한 것은 이러한 조건을 실제로는 만족시킬 수 없다는 데 있다. 가능하면 많이 관찰하기 위해 100번이면 충분할지 1,000번이면 충분할지 결정하기가 쉽지 않다. 다양하게 관찰하기 위해 중력이 다른 곳에서도 해보아야 하는지, 가열하는 불의 세기를 달리 하면서도 해보아야 하는지 결정하는 것도 그렇게 쉬운 일은 아니다.

결국 귀납은 과학에서 매우 중요하고 유용한 사고지만, 귀납에 의한 결론이 절대 참이라고 할 수는 없다. 따라서 관찰에 의한 과학지식이라 하더라도 언젠가는 변할 수 있고, 변화하게 마련이다.

실제로 기존의 과학지식에 위배되거나 기존의 과학지식으로 설명되지 않는 관찰 사실이 나타나면서 새로운 지식이 발견되는 경우가 많다. X-선 관찰이 그러했고, 페니실린을 발견한 플레밍의 곰팡이 관찰 등이 그러했다.

그러나 학생들은 종종 나름대로 새로운 관찰을 했음에도 불구하고 과학 교과서와 다르다는 이유로, 선생님의 설명과 다르다는 이유로 자신의 새로운 발견을 무시하곤 한다. 그리고는 "실험 결과가 이상해요, 실험을 다시 해봐야겠어요, 이 실험 장치를 바꾸어 주세요……"와 같은 반응을 보인다. 학생들은 자신이 찾은 새로운 결과에 대해 행복해하기보다는 불행해한다.

다음의 첫 번째 그림은 교과서에 전형적으로 나오는 그림이고 (점선들이 한 곳에 모인다), 두 번째 그림은 실제로 영재교육원 학생이 작도를 하여 얻은 결과이다(점선들이 한 곳에 모이지 않는다). 사실 교과서의 그림은 특별한 조건과 가정 아래서만 가능한 그림이고, 실제 상황에서는 학생이 그린 결과가 옳다. 그러나 학생은 다음과 같이 반응하였다.

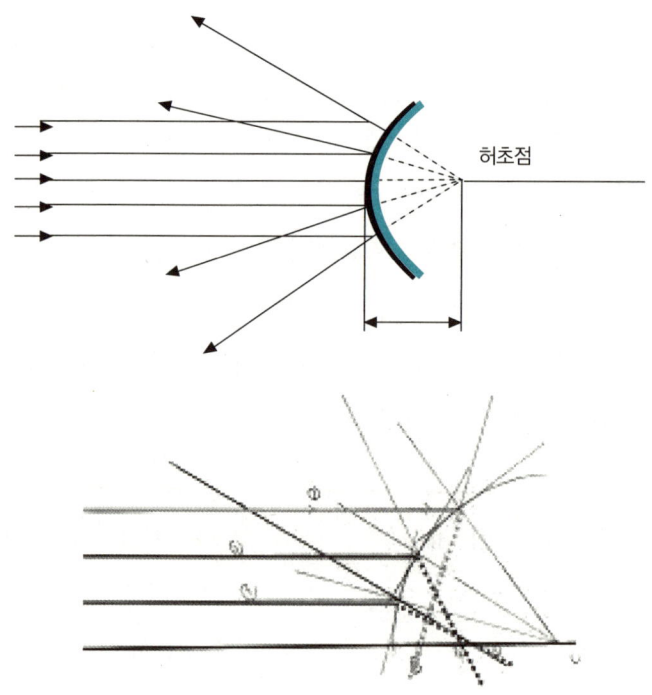

학생 : 이상한데요, 정확하지 않아요.

교수 : 새로운 것을 발견했다고 발표할 거니?

학생 : 아뇨.

교수 : 왜?

학생 : 내가 잘못했을 수 있잖아요. 시간이 필요해요.

교수 : 뭘 잘못했는데?

학생 : 평행이 아닐 수도 있고, 각도도 정확한지…… 연필 선도 굵어요. 다시 해봐야지요. (다른 학생은 몇 번 하다가 지겹다고 한다.)

이제 우리는 학생들에게 교과서 지식의 권위에 의존하기보다는 자신의 관찰과 실험 결과, 자신의 논리를 추구하도록 격려해 줄 필요가 있다.

◆ 실험으로 지지된 과학적 가설도 반드시 옳다고 할 수 없다

이번에는 과학적 가설을 검증하는 경우를 생각해 보자. 가설의 검증이란 가설이 옳은지 틀린지 알아보는 과정이다. 이때 과학자들은 과학적 가설이 옳은지 틀린지 알아보기 위해 실험을 한다.

만일 실험적 결과가 가설을 지지하는 것으로 나타나면 "그 가설은 옳다"고 결론 내린다. 과연 이러한 결론이 논리적으로 타당할까? 다음과 같은 예를 생각해 보자.

전제 1 : 피곤하면 감기에 걸린다.
전제 2 : 영수는 감기에 걸렸다.

이때 '영수는 피곤했다' 라는 결론을 논리적으로 내릴 수 있을까? 그렇지 않을 수 있다. 영수는 피곤하지 않았지만 '감기에 걸린 친구와 접촉을 하였기 때문' 일 수도 있다. 즉 피곤하면 감기에 걸린다는 명제는 옳지만, 피곤하지 않고도 다른 이유 때문에 감기에 걸릴 수 있다는 의미이다. 마찬가지로 다른 예를 더 보자.

전제 1 : 천동설(지구를 중심으로 태양이 공전)에 의하면, 아침에 동쪽에서 해가 뜬다.
전제 2 : 철수의 관찰에 의하면, 아침에 동쪽에서 해가 떴다.

천동설에 의하면 아침에 동쪽에서 해가 뜬다고 예상할 수 있다. 지구가 고정되어 있고 태양이 지구 주위를 돈다고 하였으니, 아침에 지구의 동쪽 끝에서 태양이 올라오는 것이라고 할 수 있다. 그러나 실제로 아침에 동쪽에서 해가 뜨는 것을 관찰했다고 해서 우리는 '천동설이 옳다'라는 결론을 내릴 수 없다. 그 이유는 천동설이 아닌 '지동설(태양을 중심으로 지구가 공전)'에 의해서도 아침에 동쪽에서 해가 뜬다는 것을 예측할 수 있기 때문이다(피곤한 이유 말고 다른 이유로도 감기에 걸릴 수 있다는 것을 예측할 수 있듯이).

그럼 이제 원래 문제로 돌아가서 가설이 실험적으로 지지된 경우를 생각해 보자.

전제 1 : 이 가설에 의하면, 실험 결과 A가 예상된다.
전제 2 : 실제 실험을 해보았더니, 실험 결과 A가 얻어졌다.

이러한 상황에서 '이 가설은 옳다'라고 할 수 있을까? 앞의 경우와 마찬가지로(감기에 걸렸다 하더라도 피곤 이외에 다른 이유가 있을 수 있듯이, 아침에 동쪽에서 해가 떴다 하더라도 천동설 이외에 지동설로 그 현상을 예상할 수 있듯이) 얼마든지 다른 가설로도 동일한 실험 결과 A를 얻을 수 있다.

결국 어떤 과학적 가설이 실험적으로 지지되었다 하더라도 우리는 간단하게 '그 가설이 옳다'고 해서는 안 된다. 그 가설 이외에 다른 가설도 동일한 실험적 결과를 예측할 수 있는 가능성을 열어 두어야 한다. 때문에 창의성을 격려할 필요가 있다. 실험적으로 지지된 가설이라 하더라도 우리는 새로운 가설의 가능성을 열어 두고 창의적으로 탐색해야 한다.

학교에서는 실험을 통해 과학지식이 옳다고 강조하는 경우가 많다. 즉 어떤 실험을 통해 과학지식과 일치하는 결과를 얻으면 '그러므로 이 과학지식은 옳다'라고 결론 내리기 쉽다. 이러한 과정을 통해 학생은 항상 옳은 것을 배워야만 하고, 창의적으로 새로운 아이디어를 제안할 수 있는 기회는 결코 주어지지 않는다.

이제 우리는 실험을 통해 지식을 근거 있게 지지할 수는 있지만 다른 지식이 얼마든지 가능하다는 태도를 갖도록 격려하고 창의적인 아이디어를 제안해 보도록 북돋아 주어야 한다.

다음은 실제로 사사교육을 통해 실험적으로 지지되는 과학지식에 대해서도 다른 가설이 가능하다는 것을 이해한 학생들이 보인 반응이다.

"감히 누가 옴의 법칙에 딴죽 걸(잘못되었다는) 생각을 했을까? 항상 옳다고 여겼던 것이 틀릴 수도 있다는 것에 (내심) 놀랐다."

"가설을 검증하는 과정에서 실험 결과가 가설을 지지해 주어도 가설이 절대 옳은 것이라고 확증할 수 없다는 것을 통해 가설의 옳고 그름을 더 신중히 생각할 수 있었다."

◆ 새로운 지식을 창안하기 위해 기존 지식을 활용하자

그렇다면 새로운 아이디어는 어떻게 창안되는 것일까? 이러한 질문에 대해 많은 연구자들은 "결코 새로운 아이디어는 무(無)에서 나오는 것이 아니다"라고 강조한다. 즉 이제까지 알려지지 않은 새로운 아이디어라 하더라도 기존 지식을 활용해 나올 수 있다는 것이다.

예를 들면 왓슨(Watson)과 클릭(Click)은 DNA의 나선형 구조에 대한 아이디어를 제안할 때 화학자 폴링(Pauling)이 제안한 아이디어, 즉 손톱과 머리카락의 단백질 구조가 나선형이라는 지식을 이용하였다. 드브로이(De Broglie)가 전자(입자)도 파동이라는 아이디어를 제안할 때 아인슈타인의 아이디어, 즉 빛(파동)도 입자의 성질을 갖는다는 생각을 거꾸로 이용하였다. 그래서 드브로이는 자신의 결과를 아인슈타인에게 먼저 보냈다.

이와 같이 새로운 아이디어를 제안할 때 기존의 잘 알려진 지식을 빌려 오는 방식을 '귀추적 사고'라고 한다. 다음은 영재교육원 학생들에게 귀추적 사고를 이용하도록 한 활동의 예이다.

다음 경우에 대해 귀추적 사고를 이용하여 답을 해보자.

① 저항의 단면적을 작게 하면 저항이 커진다. 왜 그런지 긴 통로에서 사람이 빠져나가는 경우를 이용하여 설명해 보라.

저항의 단면적을 작게 하면 저항이 커진다. 왜냐하면 _____

② 유리컵에 물을 넣고 손가락으로 문질러 소리를 내보자. 이때 물을 더 많이 넣으면 낮은 소리가 난다. 왜 물이 많으면 낮은 소리가 나는지 굵은 기타줄과 가는 기타줄에서 나는 소리를 이용하여 설명해 보라.

컵에 물이 많으면 낮은 소리가 난다. 그 이유는? _____

4. 새로운 가설을 제안하는 것은 새로운 아이디어를 제안하는 것과 같다. 새로운 아이디어를 제안하는 것과 기존 지식을 풍부하게 많이 알고 있는 것이 서로 어떤 연관성이 있는지 말해 보자. 다음 학생들의 생각과 자신의 생각을 비교해 보라.

학생 1 : 새로운 아이디어를 제안하는 것은 창의적인 활동이야. 창의적이라는 것은 기존에 없는 새로운 것을 제안하는 것이니까, 기존의 지식을 많이 알고 있는 것하고는 상관이 없어.

학생 2 : 그래도 새로운 아이디어를 내기 위해 기존의 지식에서 아이디어를 빌려 올 수 있잖아. 그러니까 기존의 지식을 많이 알고 있을수록 새로운 아이디어를 제안하기 쉽겠지.

① 학생 1의 생각에 대해서 : _____
② 학생 2의 생각에 대해서 : _____

여기에서 학생들에게 새로운 현상을 설명하기 위해 익히 알고 있는 지식을 이용하도록 하였다. 이때 익히 알고 있는 지식과 새로운 현상이 유사한 특징을 갖는다는 것을 깨닫게 되면 익히 알고 있는 지식을 활용하는 데 더 도움이 될 수 있다.

전남대 과학영재교육원에서 이러한 활동을 통해 학생들에게 나름대로 새로운 아이디어를 내도록 하였을 때 다음과 같은 반응을 보였다.

"공통점을 찾기 위해 얕은 기초지식이라도 계속 뒤져 보았다. 한쪽 단면만 보아서는 찾을 수 없다. 끊임없이 파헤쳐야 한다. …… 딱 보았을 때 보이는 게 있지만 그것만으로는 연관성을 찾을 수 없고 …… 다른 면을 보고 찾으면 ……(창의적인 아이디어를 내는 데 도움을 주었다)."

"처음 보는 사실에 대해서 새로운 이유를 (그냥) 찾는 것보다 알고 있는 사실을 이용해 설명하면 훨씬 쉬워지므로……(탐구활동에 도움이 되었다)."

◆ 많은 사고가 새로운 사고를 불러올 수 있다

새로운 아이디어를 창안하기 위해 기존의 지식을 활용하는 것도 중요하지만, 다양한 아이디어로 시도하는 것도 중요하다. 어떤 새로운 발견도 한 번의 아이디어만으로, 한 번의 과정만으로 이루어지지는 않는다. 오히려 위대한 발견일수록 더 많은 시도와 오류, 새로운 제안이 있었음을 알 수 있다.

예를 들면 왓슨과 클릭이 처음 DNA 구조를 연구하기 시작해서 결과를 얻기까지 1년 반 정도 걸렸는데, 그동안 그들은 여러 가지 시도를 하면서 다양한 오류를 범했다. 그들은 처음에는 나선형이지만 체인(chain)이 3개라고 생각했다(실제로는 체인이 2개이다).

그리고 염기(A, T, C, G)들이 체인의 바깥쪽에 달려 있다고 가정했다(실제로는 안쪽에 달려 있다). 그러면서 체인들이 마그네슘 이온에 의해 결합되어 있다고 잘못 가정하기도 하였다(실제로는 수소 결합에 의해 염기들이 쌍으로 결합되어 있다).

이러한 초기의 아이디어들이 다양한 과정을 통해 다양한 아이디어로 수정되면서 최종적으로 오늘날의 DNA 구조가 완성된 것이다.

이러한 특징에 대해서 시몬튼(Simonton)은 과학자가 머릿속에서 다양한 생각을 할 때 그러한 생각들 중에서 약 5%만이 선택되고, 선택된 생각들 중에서도 다시 약 4%만이 구체적으로 나타난다고 하였다. 이처럼 과학자들이 얼마나 많은 시도와 사고를 통해서 하나의 결과가 구체화되어 나타나는지 알 수 있다.

이러한 점에서 학생들이 탐구활동을 하거나 문제를 해결할 때 가능하면 다양한 방법과 아이디어를 많이 제안하도록 할 필요가

있다.

 예를 들어 와인잔을 와인 마시는 용도 이외의 기능으로 가능하면 많이 생각해 보자. 동전을 넣어 두거나, 어항이나 꽃병으로 사용할 수도 있고, 스트레스 해소를 위해 깨뜨리거나 천장에 거꾸로 매달아 장식으로 이용할 수도 있을 것이다. 물을 넣어 손가락으로 문지르면 멋진 악기로도 사용할 수 있다.

 그러나 이러한 경우에는 과학적인 내용이 포함되어 있지 않고 실제 과학 활동과 관련이 없다는 점에서 전남대 과학영재교육원에서는 다음 활동으로 수업을 하였다.

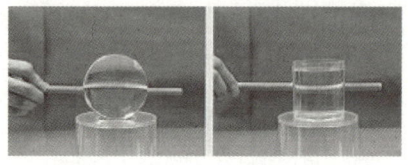

다음과 같이 둥근 볼록렌즈와 원통형 볼록렌즈를 이용하여 막대를 관찰하라. 가능하면 많은, 다양한, 그리고 흥미로운 관찰방법을 찾아보라.

이 관찰은 간단해 보이지만 재미있고 다양하게 해볼 수 있다. 간단하게는 막대를 앞뒤로 움직이면서 관찰해 볼 수 있다. 마찬가지로 막대를 위아래로 움직일 수도 있다. 그리고 막대를 좌우로 움직이면서 관찰할 수도 있다. 또 어떤 관찰이 더 가능할까? 막대를 회전시켜 보면 흥미로운 관찰을 할 수 있다.

이상으로 간단히 학생들이 창의적으로 사고하도록 돕는 방법을 제시했다.

(1) 과학지식을 절대진리라고 생각하기보다는 변화될 수 있다고 생각하고 새로운 현상이나 관찰, 이론 등에 관심을 가질 필요

가 있다는 점, (2) 실험이 가설을 지지한다 하더라도 다른 가설도 가능할 수 있으므로 새로운 아이디어의 가능성을 항상 열어 둘 필요가 있다는 점, (3) 새로운 아이디어를 제안하기 위해 기존의 아이디어를 충분히 활용하여 아이디어를 빌려 오는 것이 필요하다는 점, (4) 새로운 아이디어 이전에는 많은 시도와 방법, 그리고 많은 아이디어의 제안이 필요하다는 점 등을 학생을 실제로 지도하면서 얻은 간단한 사례와 함께 살펴보았다. 학생들이 보다 창의적으로 사고하고 공부하는 데 작은 도움이 되기를 바란다.

과학영재 교육과 창의성 신장

이건형(군산대학교 과학영재교육원장)

◆ 영재교육의 필요성

　과학영재교육원에서 선발된 학생들을 가르치다 보면 가끔 학교에서 선생님이 가르쳐 주지 않았는데도 남들이 상상하지 못한 것들을 생각해 내고 때론 발표하는 모습을 보게 되는데 이럴 때면 '창의성이 뛰어난 아이란 바로 저런 아이구나' 란 생각이 든다.
　창의성(creativity)이란 라틴어의 creo(만들다)를 어근으로 하는 creatio라는 말에서 유래되었다고 한다. 아무것도 없는 '무' 로부터, 또는 원래 존재하던 사실로부터 새로운 것을 발견하고, 새로운 것을 만들고 산출하는 것을 말한다. 또한 한자로 창의성(創意性)의 창(創)이란 倉과 刀의 합성어인데, 倉은 곳집(곡식을 저장하는 창고)을 의미하고, 刀는 곳집을 새로 지을 때 쓰는 나무 다듬는 칼

chapter 3 영재들의 학습방법

을 의미하는 것으로, 창의성이란 무엇인가를 다듬어서 새로 만든다는 뜻이다.

일반적으로 말하는 과학영재란 동일 연령 수준의 다른 아이들에 비해 학업 성취도가 높고 뛰어난 지적 능력과 사고력을 가지고 있으며, 과학·수학 분야에 관심도가 높고 학습 속도가 빨라서 창의적 문제해결의 잠재적 역량을 개발하기 위해 일반 교육과정과는 별도의 교육과정을 제공할 필요가 있는 어린아이로 규정할 수 있다. 한마디로 과학영재란 과학·수학 분야에 뛰어난 재능을 가진 자인데, 과학영재는 일반 학생들과는 다른 다음과 같은 공통적인 부분을 보여 준다.

첫째, 과학영재는 과학·수학 부분에서 높은 학습 이해능력을 가지고 있어, 일반 과목에 비해 과학·수학 분야에서의 학업성취도 및 이해력이 평균 이상 월등히 높은 학습능력을 보여 준다. 둘째로 과학영재들은 과학자들의 보편적 특성인 창의적인 문제해결 능력과 창의적인 사고능력을 보이고 있고, 이전에 알고 있는 사실적 지식을 기반으로 하여 새로운 지식에 대한 남다른 호기심을 가지고 있다.

현재 우리나라에서는 2002년 4월에 영재교육진흥법 시행령이 공포되면서 초·중등교육에서 시·도교육청 및 대학교 등에 과학영재교육원 혹은 영재학급을 신설해 본격적으로 과학영재 교육이 이루어지고 있는 단계이다.

과학영재 교육의 필요성을 국가의 입장에서 생각해 보면 다른 나라와의 경쟁에서 앞서 나가려면 뛰어난 과학 수준 및 인적 자원을 보유해야 하기 때문이다. 지금까지의 인류 역사를 보면 한 국가나 사회, 나아가 인류 문명 발전에 큰 계기가 되는 중요한 전환점은 소수의 뛰어난 사람에 의해 이루어진 경우가 많았다. 그러므로 미래의 국가 발전을 도모하기 위해 과학에 재능 있는 영재아들을 조기에 발굴하고 그들에게 맞는 과학영재 교육을 실시하여 우수한 인재를 길러 내는 것은 개개인에게 뿐 아니라 국가의 발전을 위해서도 매우 소중한 일이다.

　하지만 과학영재 교육의 중요성과 필요성을 뒤로하고 최근 사회적 이슈로 대두되었던 이공계 기피와 이탈 현상이 국가 발전의 기반을 무너뜨리는 상황으로 치닫고 있다는 우려의 목소리가 높다. 전문가들은 이공계의 위기가 계속될 경우 장기적으로 한국 경제에 치명적인 악영향을 줄 것이라고 우려하고 있다. 또한 이러한 상태가 지속되면 우리나라의 과학기술의 경쟁력은 머지않아 중국, 동남아 등 후발국에마저 추월당할 가능성이 높다.

　이런 상황을 고려할 때, 영재교육의 여러 분야 중에서도 과학영재 교육에 국가적인 관심과 노력을 꾸준히 기울여야 한다. 이에 좀 늦은 감은 있지만 국가에서는 영재교육진흥법을 제정하여, 부산에 한국과학영재학교를 설립하고 한국과학재단 지원으로 전국 25개 대학에 과학영재교육원을 설치하는 등 과학영재 교육에 힘

쓰고 있어 다행이라고 생각한다.

한편 과학영재 교육의 필요성을 개인의 입장에서 생각해 보면, 영재교육은 재능 있는 학생들이 자신의 재능에 맞는 적절한 교육을 받음으로써 자신의 잠재력을 실현하여 보다 완성된 삶을 누리게 한다는 자아실현적 측면이 있다.

미국에서는 50개 주 중 32개 주에서 영재교육을 의무화하고 국립 영재연구소를 설치하여 학교급별 과학영재 교육의 형태를 특성화 및 다양화하고 있고, 이웃나라 중국에서도 영재아동을 위한 집중적 영재교육을 1978년부터 전국 50여 학교에서 실험적으로 실시하고 있다. 그러나 현재 평준화를 기본 틀로 하는 우리나라 학교 교육 제도는 과학 분야에 소질이 있는 학생의 가능성에 적절히 대응하는 교육을 제공하지 못하고 있다.

이와 같이 현 평준화 학교 교육 체제 속에서 자신의 재능을 마음껏 꽃피우지 못하고 가능성이 사장되어 버리는 영재들을 위한 별도의 교육과정과 교육체계가 필요하다고 생각된다.

◆ 토론과 실험을 병행하는 수업

우리나라에서는 식사시간에 말을 하면 어른들이 나무라는 경우가 종종 있다. 하지만 서양에서는 식사시간에 가족끼리 그날 있었던 일을 이야기하고, 친구들과는 사회적 이슈나 학문적인 의사교환을 활발히 하는 친교의 시간으로 이용된다. 이는 우리나라와 서양의 문화적 관습이 다르기 때문이라고 생각한다.

학교 수업에서도 마찬가지이다. 우리는 주로 선생님이 일방적으로 지식을 전달하는 주입식 교육이 주를 이루는 반면, 미국과 같은 선진국에서는 작은 주제를 가지고도 다양한 형태로 과제를 내주고 나중에 교실에서 각자 준비한 내용을 가지고 활발하게 토론을 벌이는 것을 종종 본 적이 있다.

실제로 과학영재교육원에서 학생들을 가르쳐 보니 수업 도중 자신이 모르는 내용을 머릿속에서 잘 정리하여 질문하는 학생들의 학업 성취도가 다른 학생들에 비해 높다는 것을 알 수 있었다. 물론 질문을 하지 않고 얌전히 듣기만 해도 수업을 잘 이해하는 학생들이 종종 있지만 그런 학생이 그리 많은 편은 아니었다.

우리 대학 과학영재교육원에서는 주입식 강의 방식이 아닌 토론식 방식으로 수업을 진행한다. 처음에는 학생들이 토론식 수업 방식에 낯설어 하며 적응하지 못해 애를 먹기도 했지만 시간이 지남에 따라 내가 생각한 것 이상으로 잘 적응하는 모습을 보여 주었다. 토론식 수업이 원활히 진행되면서 학생들은 자신이 이해한 것을 말하고, 그러면서 수업에 재미를 느끼며, 자신의 주장을 확실한 논리와 근거를 바탕으로 설득력 있게 펼쳐 내는 일이 얼마나 어렵고 중요한 것인지 깨닫게 된다.

chapter 3
영재들의 학습방법

　나는 강의를 잘 듣는 것보다 잘 질문하는 것이 더 중요하다고 생각한다. 수업시간에 단순히 듣기만 하여 지식을 습득하는 것보다는 토론과 질문을 통해 수업 내용을 완전히 자기 것으로 만드는 토론식 학습법이 매우 효과적이라고 생각한다.
　과학영재교육원 수업은 모두 유사하겠지만 특히 생물 분야 수업에서 관찰은 매우 중요한 학습방법이다. 관찰은 학생들의 추리, 의사소통, 예상, 측정, 분류와 같은 탐구 능력 발달에 도움을 줄 뿐 아니라, 그들이 가진 과학적 이론을 뒷받침해 주는 사실적·시각적 첫 단계로서 모든 경험적 과학 지식의 기본적 틀이 되기 때문이다.

관찰은 일반적으로 사물의 형태를 객관적으로 파악하기 위해 주의 깊게 살펴보는 것을 의미한다. 좀 더 나아가면 어떠한 생물의 색깔, 형태, 구조 등 그것들이 가진 모든 성질을 주의 깊게 탐색하여 유사한 생물 간의 공통점과 상이점을 구별하는 능력을 갖추게 된다.

예를 들어 세균을 구별하는 첫 단계와 관련된 실험으로 그람 염색법에 대해 강의하는데, 강의 내용은 그람 염색 과정과 그람 염색의 결과, 그리고 그람 염색의 원리에 대한 것이다. 그람 염색 과정은 염색약 크리스털 바이올렛을 처리한 후, 다음 단계에서 매염제 요오드를 떨어뜨리고, 알코올로 탈색한 다음 다시 염색약 사프라닌을 떨어뜨린 후 관찰한다.

이때 염색약을 두 가지 사용하는데, 두 가지 염색약이 하는 역할과 알코올의 역할을 설명하려면 세균의 세포벽 구조를 이해해야 한다. 따라서 세균의 구조와 염색의 원리를 학생들에게 강의해야만 실험의 원리에 대한 완벽한 이해가 이루어진다.

처음에는 오직 눈에 보이는 단편적인 부분을 중심으로 대략적 형태만 관찰하지만, 실험의 원리를 들은 후에는 다른 학생들의 관찰 내용과 비교, 토의하며 좀 더 세밀하게 특징을 관찰해 나간다. 그때 비로소 실험의 과정과 원리에 대해 완벽하게 이해할 수 있다. 그럼 '왜 이런 모양일까?' 란 질문이 '어떻게 이런 현상이 나타날까?' 란 질문으로 바뀌고, 결국에는 '이 현상을 어떻게 다르게 이용할 수 있을까?'란 질문으로 바뀔 것이다. 그 시작은 관찰이다.

이상에서 언급한 바와 같이 과학영재교육원에서 이론보다는 실험 및 토론 중심의 과학실험 수업을 진행하면서 학생들의 수업태도 및 발표능력이 달라지는 것을 볼 수 있었다. 우선 수업태도 면에서 학생들이 달라진 점은 수업 중간에 질문이 많아졌다는 것이다. 처음에는 질문의 내용이나 목적이 분명치 않았지만 나중에는 수업의 내용과 관련이 있으면서도 완벽한 이해를 돕는 질문이 많아졌다. 물론 학생들의 질문에는 내용이나 목적이 분명치 않은 것들도 있지만 시간이 지나면서 많이 나아졌다.

학생의 질문이 많아 수업 진행에 문제가 되기보다는 수업에 도움이 되는 기초지식적인 질문을 주로 하기 때문에 오히려 수업에 도움이 되었고, 학생들이 토의를 하며 수업을 진행했기 때문에 수업 참여도도 높아졌다. 학기 초에는 수업이 진행될 때 질문 및 발표는 성격이 적극적인 한두 명의 학생에 의해서만 이루어졌지만, 토론식 수업에 익숙해진 후에는 수업을 듣는 대부분의 아이들이 질문 및 발표를 하게 되었다.

이러한 토론수업은 처음 준비하는 교수나 수업받는 학생에게는 부담으로 작용할 수도 있다. 하지만 장기적으로 볼 때 일반 강의 수업보다 큰 효과를 볼 수 있다고 생각한다.

Chapter 4

이렇게 해결하세요

잘 모르는 창의성, 모두 알고 있는 창의성

최원(인천대학교 과학영재교육원장)

　인천대학교 과학영재교육원에 재학 중인 학생들은 창의성이 높고 과학적 지식이 뛰어난 아이들이다. 하지만 이 학생들 중에도 '평범한 창의성'만 보이는 아이들이 있다.

　창의성은 '비범한 창의성'과 '평범한 창의성'으로 구분할 수 있다. 비범한 창의성은 현시대의 사회와 문화를 변화시킬 만한 원대한 창의성으로 표현할 수 있다. 이에 반해 평범한 창의성은 개인의 생활, 작은 집단에 도움이 되는 창의성이라 할 수 있다.

　오래전부터 창의성이 영재성을 판단하는 데 중요한 요인으로 자리 잡아 왔으나 그 개념과 측정, 선천성과 후천성 같은 명확히 설명되지 않는 문제들이 많이 있다. 하지만 설명되지 않는다고 인간에게 창의성이 존재하지 않는 것은 아니다.

　그렇다면 이 모호한 창의성을 적절히 설명할 수 없을까? 창의적인 사람이 이 사회에는 꼭 필요하다고 하는데 창의적인 사람으로 우리 아이들을 키울 수 있는 방법은 없는 걸까?

이 문제를 인천대학교 과학영재교육원 학생들의 사례와 학자들의 연구 사례로 살펴보자.

인천대학교 과학영재교육원에는 다양한 선발 방식을 통해 학생들이 입학한다. 대부분 기억력이 뛰어나고 지식이 풍부하며, 엉뚱하기까지 하다.

어려서부터 블록 놀이를 좋아하던 초등학교 5학년 ○○학생은 로봇 만들기를 즐기게 되었고 국제 대회에서 다른 학생들보다 성능이 뛰어난 로봇을 만들어 로봇 미션 수행 과제에서 대상을 받았다. ○○학생은 로봇의 프로그램을 한 번씩 수행하기보다는 두 개를 동시에 처리할 수 있도록 하여 미션을 빨리 끝마쳤다.

초등학교 4학년인 △△학생은 2학년 때부터 고등학교 형들의 수학문제를 풀기 시작했다. 문제를 풀 때는 밥도 먹지 않고, 수학 문제가 풀리지 않을 때가 가장 불행하다고 얘기할 정도였다. △△학생은 2006년 영재교육원에 입학하여 현재 대학 과정의 수학 증명을 풀어 내고 있다.

이 외에도 자연에 대한 관심과 호기심이 많은 학생, 집중력이 뛰어난 학생, 궁금한 것은 못 참는 학생 등 그 유형도 여러 가지로 월등한 학생들이 우리 주변에 너무도 많다.

2006년도 체험학습에서 있었던 일이다.

chapter 4
이렇게 해결하세요

"□□학생은 너무도 궁금한 것이 많고 질문이 많은 중학교 1학년이에요. 이 학생은 교수님, 인솔교사, 같이 간 학생들, 심지어 현지의 운전기사 아저씨에게도 질문 공세를 퍼붓는 통에 너무 힘들었어요." - 인솔교사 A

"하루는 아침에 모여서 이동해야 하는데 두 녀석이 안 나와요. 그래서 방으로 찾아가 봤더니 둘이 자고 있더라고요. 버스에 올라 '너희들 밤에 뭐 했어?' 라며 화를 냈더니 '둘이 블랙홀과 우주에 대해 얘기했는데 새벽 5시더라고요. 죄송합니다' 라고 하더군요. 허, 참." - 인솔교사 B

이 학생들의 사례는 창의적인 특성을 보여 주고 있는 듯하다.

낸시 C. 안드리아센*은 증례 연구 방법을 사용한 선구자들과 아이오와 대학교의 작가 워크숍 출신의 창조적인 작가들을 인터뷰한 후 창조적인 사람들의 특징적인 성격을 찾아 정리하였다.

창조적인 사람들은 어떤 경험이든지 수용하려는 열린 자세, 모험을 감수하는 성격, 저항적인 성격, 개인주의, 감수성, 장난기, 꾸준함, 호기심, 그리고 단순함의 특성을 가지고 있다고 한다.

이런 특성은 때론 타인과의 관계에서 문제를 일으키기도 하지만 그들의 창의적 재능은 감출 수 없다.

---

*낸시 C. 안드리아센 : 의학박사, 영문학 박사, 뉴멕시코 대학 마인드연구소 소장, 〈미국정신과학회〉지 편집장, 아이오와 대학교 병원 정신과 석좌교수, 2000년 클린턴 대통령의 국립과학 메달 수상, 뇌과학 관련 서적 다수 펴냄.

그렇다면 창의적 사고는 어떻게 만들어지는 것일까?

◇ 창의적 사고의 발생

창의성을 연구하는 학자들에 의해 알려진 창의적 사고의 과정(물론 학자들의 견해에 따라 다소 다를 수 있지만)은 다음과 같이 정리될 수 있을 것이다.

창의적 사고의 과정은 몰입하는 과정과 흡사해 보인다.

첫 번째, '나는 현실과 동떨어진 상태로 빠져든다.'*

창의적인 사람들은 극도의 집중 상태로 빠져든다고 한다. 정신과 용어로 표현하자면 이러한 상태를 '해리 상태'라고 할 수 있다. 즉 어떤 의미에서 자신을 주변 환경으로부터 정신적으로 분리시키는 것이다.

두 번째, '나는 의도적으로 글을 쓰는 법이 없다. 마치 내 어깨 위에 요정이 앉아 있는 것 같다.'

일반적으로 창의적 사고과정은 합리적이고 논리적인 과정이 아니다.

"어떻게 된 것인지 잘 모르겠어요. 그냥 그렇게 만들어진 겁니

---

*《천재들의 뇌를 열다》(낸시 C. 안드리아센, 2006)에서 인용.

다." 창의적인 사람들 중 대부분은 '그 장소'에서 일어난 일들에 대해 자신은 그저 무의식적으로 생각과 과정을 표현하는 것뿐이라고 대답한다.

　세 번째, '이야기하고 있을 때조차도 내 마음은 여행을 한다.'
　인지심리학적 언어로 설명하자면 창의적인 사람들은 내부나 외부에서 유발된 입력 내용을 검열하여 삭제하는 경향이 약하다. 이런 과정을 '여과 기전'의 이상이라고 부르기도 한다.
　어느 정도 조각 나 있고 형태도 없는 아이디어가 창의적인 사람의 내면으로 꾸준히 입력되다 보면 그 사람은 '여행하는 마음'을 경험하게 된다. 창의적인 사람은 이 기전을 통해 외부 자극을 더욱 잘 인식하고, 좀 더 예민하게 감지하며, 더욱 밀도 높은 경험을 하게 된다.

네 번째, '나는 언제나 내 자신이 보이지 않는 것처럼 느껴진다.'

창의적인 사람들은 관찰자가 되기 쉽다. 이들은 자유롭고 냉정한 관찰자가 될 능력을 지니고 있다. 때때로 다른 사람들의 눈에 그런 사람은 무심하고 초연하며 냉랭해 보이기까지 한다.

아마도 우리의 과거 경험에 비추어 보면 어떤 문제를 해결하기 위해 오랜 시간 동안 고민하고 노력했지만 그 당시에는 해결되지 않다가 산책을 할 때나 다른 사람을 만나고 있을 때, 동료들과 놀고 있을 때 갑자기 해결책이 떠오르는 경험이 간혹 있을 것이다.

이런 평범하지만 창의적인 경험을 우리 학생들은 더 많이, 더 자주 할 수 있어야 한다고 생각한다. 그것이 우리가 교육시키는 궁극적인 목표 중 하나이기 때문이다.

◆ 모두 아는 창의성 개발

그렇다면 창의성을 개발하기 위해 우리는 어떻게 학생들을 교육시켜야 할까? 이 문제를 해결하기 위해 지금도 많은 학자들이 연구와 논의를 하고 있다. 하지만 그 답은 명확하게 나와 있지 않다. 아마도 일반적이고 확실한 답을 찾지 못할 수도 있다(아마 찾지 못할 가능성이 더 높을 것이다). 왜냐하면 학생들 개개인 모두 다른 특성을 가지고 있어 100% 확실하고 일반화된 한 가지 방법은 없기 때문이다.

그래도 다행스러운 것은 일반적으로 아이들의 창의적 사고 발달을 위해 제공해야 할 좋은 환경이라는 것은 정립돼 있는 것 같다.

우선 아이들이 어렸을 때는 '몰입'을 방해하지 말아야 한다(물론 이것은 청소년기까지 지켜 주어야 한다).

몰입은 경험이다. 이 환상적인 경험을 통해 마치 마약에 중독되어 다시 마약을 찾는 사람처럼 몰입을 통한 창의적 작업에 매달리는 건지도 모른다. 하지만 이러한 과정이 중간에 끊겨 다시 시작해야 하는 경우는 매우 고통스럽다고 한다. 다시는 하고 싶지 않을 수도 있다. 따라서 이 시기에는 외부 간섭을 최대한 막아 주는 것이 이러한 경험을 자주 하는 데 도움이 될 것으로 보인다.

차이코프스키는 자신의 창조적 작업이 중단되는 것에 대해 이렇게 말하고 있다.

"나는 모든 것을 잊어버리고 미친 사람처럼 행동한다. 내 안에 있는 모든 것이 고동치고 떨기 시작한다. 생각이 꼬리를 물고 이어지는데 개략적으로나마 그 상황을 그릴 수가 없다. 마술 같은 이 과정에서 외부의 방해로 이런 몽유병 같은 상태에서 깨어나는 일이 종종 벌어진다. 종이 울린다든지, 하인이 들어온다든지, 시계가 크게 울리며 마치 떠날 시간을 내게 알려 주듯이. 정말이지 그런 방해가 무섭기까지 하다. 그런 다음에는 상당한 시간 동안 영감의 실이 끊어져 아무리 다시 이으려고 해도 소용없는 경우가 있다."

교육원의 한 부모님은 이런 이야기를 들려주었다.

"둘째 아이(우리 영재교육원 학생이며, 이후 특목고에 진학)가 어렸을 때 뭔가 뚫어지게 쳐다보고 있는 경우가 많았는데 이때는 주변에서 불러도 잘 모르고, 뭔가 정신이 나간 것 같았어요. 처음에는 아이를 깨우듯 불러 보고 흔들어도 보았지만 나중에는 그냥 그렇게 있도록 두었어요. 5분쯤 지나면 다시 움직이며 놀곤 했거든요. 내가 보기에는 아이가 뭔가 생각하는 것처럼 보였어요. 고민하고 있다고 해야 하나? 가끔 다른 사람들에게도 아이가 뭔가 집중하고 있는 듯 보이면 그냥 두라고 얘기해 줘요. 5분 정도만 참으면 되거든요."

이 부모님은 평범한 가정주부였지만 아이에게 무엇이 필요한지 감각적으로 알고 있는 듯했다.

이렇듯 아이들의 창의적 사고를 개발하기 위한 다양한 방법을 이미 부모님은 알고 있는지도 모르겠다. 그리고 여기서 이야기하려는 방법들 또한 대부분 알고 있는 내용일 것이다. 하지만 문제는 알면서도 실행하지 못하는 데 있다.

부모들이 애정, 시간, 노력으로 아이들을 가르치기보다는 밤 12시까지 학원을 보내기 위해 부업하는 것을 더 큰 애정으로 생각하고 있는지도 모르겠다. 아이들은 부모가 밖에서 그들을 위해

chapter 4
이렇게 해결하세요

열심히 일하고 있는 동안 짬짬이 TV를 보고 게임을 하고 영화를 보고 조금의 사색과 명상도 없이 계속 움직인다. 물론 공부도 한다. 어떤 것이 옳은 일일까?

창의성을 연구하는 학자들은 창의성을 향상시키는 몇 가지 방법을 제시한다.

어른들을 위해선 우선 새롭게 도전할 목표를 설정하고 깊게 탐구하라고 말한다. 우리의 뇌는 집중적으로 노력하는 분야와 사고 활동, 지식을 습득하는 데 탁월한 능력을 가지고 있다. 새로운 분야에 도전하여 지식을 쌓기 위해 노력하면 그에 따라 뇌는 변화하고 발전하도록 되어 있다.

두 번째 방법은 여유를 가지고 생각하라는 것이다.

명상이 될 수도 있고 한가롭게 생각을 정리하는 시간일 수도 있다. 이러한 시간을 매일 꾸준히 갖는다면 여기저기 흩어져 있던 지식들이 정리되고 연결되어 새로운 생각, 즉 창의적인 사고가 발생할 수 있다.

세 번째로 주위를 자세히 살피고 글로 적어 보자.

창의적 사고를 위해선 다양한 사고의 근원(지식, 자연 현상)이 필요하다. 주위를 자세히 관찰하는 것은 지식 습득을 위해 필요하며, 이를 글로 정리하는 것은 뇌가 창의적인 사고를 위해 변화되기 전 한 번 더 정리해 주는 효과가 있다고 한다.

그렇다면 아이들에게는 어떤 방법이 유용할까?

아이들에게는 공상하는 시간을 주자고 한다. 아이들을 끊임없이 지식 습득으로 몰아넣기보다는 자유롭게 상상하고 배운 지식을 뇌에서 정리할 수 있는 시간을 주는 것이 필요하다. 이러한 시간이 공상하는 시간이다. 이러한 시간은 부모의 관심과 훈련을 통해 가능하다. 가만히 앉아 있는 상태가 아니라 무언가 자유롭게 생각하는 훈련이 필요한 것이다. 이것이 '창조적 작업'을 위한 '생각하는 도구'의 습득 과정이다.

루트번스타인 부부*가 저술한 《생각의 탄생》에서 창조적 작업에 대해 말하고 있다.

소위 '창조적인 작업'을 할 때 과학자나 수학자, 예술가들은 우리가 '생각하는 도구'라고 부르는 공통된 연장을 사용한다. 이 도구들 속에는 정서적 느낌, 시각적 이미지, 몸의 감각, 재현 가능한 패턴 유추 등이 포함된다. 그리고 상상을 동원하는 모든 사람들은 이 생각 도구를 가지고 얻어 낸 주관적인 통찰을 객관적으로 표현하기 위해 공식적인 언어로 변환(번역)하는 방법을 배운다. 이를 통해 그들의 생각은 다른 사람들의 마음속에 새로운 생각을 불러일으키게 된다.

이를 위해 주변 환경의 정리도 필요하다.

---

*로버트 루트번스타인(미시간 주립대학 생리학과 교수)과 미셸 루트번스타인(역사학자) 부부, 맥아더 팰로우십 수상.

chapter 4
이렇게 해결하세요

우선 아이들에게서 TV를 떼어 놓아야 한다. TV는 아이들이 능동적으로 사고하기보다 지식 전달에 대해 피동적으로 사고하도록 만든다. 아이들은 말썽을 부리고 깨뜨리고 넘어지면서 많은 것을 배운다. 이렇게 몸으로 배워 오랫동안 아이들의 기억 속에 있을 체화된 지식 습득 시간을 TV가 빼앗아 간다. 멍하게 앉아 TV를 보는 동안 아이들은 얌전할지 모르지만 점점 생각 없이 전달해 주는 지식만 학습하는 아이가 되어가는 것이다.

부모는 아이들과 많은 시간을 가지려고 노력해야 하며, 서로 책을 읽고 이야기를 나누어야 한다.

아이들은 그 시간 동안 TV 대신 책을 보고 수동적으로 지식을 받아들이기보다는 부모와 얘기하기 위해 두뇌를 활용한다.

또한 아이에게 흥미로운 질문을 던져 지적인 자극을 주어야 한다. 우리의 두뇌가 새로운 환경과 분야, 새로운 지적 자극에는 긍정적인 발전을 하지만 멈춰진 시·공간에서는 도태되기 때문이다.

지적인 자극을 위해 아이를 자연으로 인도하는 것도 좋은 방법이다. 아이들에게 자연은 최고의 학습장이며 놀이터이다. 자연은 TV와 아이를 떼어 놓을 수도 있고, 관찰할 거리가 곳곳에 널려 있으며, 상쾌한 공기와 환경을 제공해 사색에 잠길 수도 있다. 자연 속에서는 아이와 부모가 더욱 친밀해지고 둘만의 관계가 유지되며 많은 얘기를 나눌 수 있다.

이런 몇 가지 방법은 아마 대부분의 부모가 알고 있는 내용일 것이다. 하지만 앞서 이야기한 바와 같이 실천이 문제이다. 무엇이 아이들에게 바람직한 일인가는 어떤 영재교육원의 전문가보다, 영재교육 학자들보다 부모가 먼저 알고 있다고 확신한다.

며칠 전 신문에서 "초등학생들 '학원이 좋아서 가요' 중독증 심각"이라는 기사를 보고 놀라웠다. 학원이 좋아서 간다? 왜?

서울대 소비자아동학부 가족아동학 전공팀은 연구 결과에서 사교육 수강이 '만족스럽다' 가 69%, '불만족스럽다' 가 9.8%로 나왔다고 전했으며, "사교육을 무조건 부정적으로 볼 것이 아니라 방과후 활동으로 아이들이 의미 있는 것을 배우거나 체험해 보고 성취하도록, 아이들이 즐거움과 편안함을 느낄 수 있도록 개선해야 한다"고 조언하고 있다.

이러한 연구 결과는 다수의 학원에서 주입식 교육을 집중적으로 시행하여 지식은 많지만 지혜가 부족하고 창의적 사고능력이 떨어지는 아이들을 만들어 낸다고 알고 있는 사람들에게는 다소 의외의 조언이다.

공교육의 역할과 현실을 논외로 하더라도 '사교육을 더욱 개선하여 편안함을 느끼게' 하기보다는 '아이들을 부모의 품으로 돌려보내고 애정과 관심으로 키워야 함' 을 우리는 너무도 잘 알고 있다.

근본적으로 사교육 시장은 영리를 목적으로 하는 곳이다. 영리가 교육의 목적에 앞서는 곳이다. 교육은 영리를 위한 수단이며

Chapter 4 이렇게 해결하세요

부를 축적하기 위한 도구인 셈이다. 더 좋은(?) 사교육을 위해 부모를 아이들에게서 떼어 내 일터로 몰아넣는 잘못을 더 이상 범하지 않았으면 한다.

우리의 말썽꾸러기 아이들은 놀이터에서 친구들과 놀며 사회를 배우고, 자연 속에서 섭리를 느끼고, 부모와 이야기하고 사색하는 과정에서 창의적인 사고를 할 수 있다. 학원에 가야 친구를 만날 수 있고, 학원을 보내기 위해 밤늦게까지 일하고 지쳐 들어오는 엄마 아빠를 만나는 환경에서 과연 우리 아이들의 창의성은 어떻게 될까?

과학자처럼 생각하기

이호연 (충남대학교 과학영재교육원장)

 옛날 옛적에 철수라는 원시인이 살고 있었다. 철수는 매우 똑똑했지만 자연의 법칙에 대해서는 아무것도 알지 못했다.
 어느 날 당시 원시인들이 자주 그랬듯이 철수도 며칠을 굶은 채로 숲속을 걷다가 눈에 보이는 돌멩이를 집어 들었다. 너무나도 배가 고파서 철수는 돌멩이를 손에 들고 한 입 베어 물어 보았다. 물론 철수는 돌멩이를 먹을 수 없었으므로, 돌멩이를 손에서 떨어뜨렸다. 그때 그 돌멩이가 바로 철수 발등에 떨어졌다.
 이 순간이 이 이야기의 매우 중요한 부분이므로 잘 생각해 보라. 철수가 돌멩이를 떨어뜨렸고, 그 돌멩이가 철수의 발등에 떨어졌다.
 이것으로 과학이 생겨났나? 아니다! 실제로 철수가 알고 있는 사실은 발이 아프다는 것뿐이다. 철수가 알고 있는 사실은 단지

chapter 4
이렇게 해결하세요

한 가지 현상뿐이기 때문이다. 그 현상은 아직 다른 현상들과 관계가 없다.

만일 여러분이 단지 한 가지 현상만 알고 있다면, 과학에서는 여러분은 아무것도 모른다고 할 수 있다(수학자들은 아마도 이런 진술이 옳지 않다고 하겠지만, 지금 우리는 수학이 아니라 과학을 이야기하고 있다).

철수는 여전히 배가 고픈 채로 걷고 있었다. 철수는 조금 다른 모양의 돌멩이를 집어 들고 베어 물어 보고는 떨어뜨렸다. 이번에는 철수의 발등에 떨어지지는 않았지만, 첫 번째 돌멩이와 매우 비슷하게 발 앞에 떨어졌다. 철수의 머리가 회전하기 시작했다. 철수는 돌멩이가 떨어지는 데 일정한 형식이 있지 않을까 의심했다. 만일 그가 과학적인 훈련을 받았다면, 이것을 다음과 같이 표현했을 것이다.

이론 1 : 돌멩이를 떨어뜨리면, 아래로 떨어진다.

철수는 상당히 똑똑했기 때문에, 자신이 생각해 낸 이론을 시험해 봐야겠다고 마음 먹었다. 그래서 돌멩이 하나를 집어들고 큰 소리로 외쳤다. "내가 이 돌멩이를 떨어뜨리면, 이 돌멩이는 아래로 떨어질 것이다."

그리고 철수는 돌멩이를 떨어뜨렸고, 물론 돌멩이는 똑바로 아래로 떨어졌다. 이 순간이 바로 철수가 자신이 똑똑하다고 자랑스럽게 생각한 순간이다. 왜냐하면 예측을 할 수 있는 능력과 그 예측을 시험해 보아 결과가 제대로 나온 것이야말로 과학에 한 걸음 다가간 핵심이기 때문이다.

그래서 철수는 계속 걸어가며 돌멩이를 집어 떨어뜨리면서 어린아이처럼 즐거워했다. 그렇지만 철수는 여전히 배가 고팠다. 철수는 우연히 눈에 띈 솔방울을 집어 들고 조심스럽게 냄새를 맡았다. 그리고는 먹지 못할 것으로 판단하고 그냥 떨어뜨렸다. 솔방울이 돌멩이와 거의 똑같이 철수의 발 아래로 떨어졌을 때 철수가 얼마나 놀랐을지 상상해 보라.

이제 여러분은 '솔방울을 떨어뜨리면 똑바로 떨어진다'라고 철수가 결론을 내렸으리라 생각할 것이다. 그러나 철수는 여러분보다 더 똑똑했다. 철수는 나뭇잎, 나뭇가지, 죽은 고양이 등 손에 잡히는 모든 것들로 시험해 보았다. 그 결과 철수는 훨씬 더 일반적인 이론을 갖게 되었다. 앞에서처럼 철수는 새로운 이론에 의한 예측을 하기 시작했고, 결과는 예측대로였다. 그는 확신을 가지고 결론지었다.

이론 2 : 무엇이든지 떨어뜨리면, 아래로 떨어진다.

이 순간 철수가 두 가지 이론이 아니라 오직 한 가지 이론만 가

CHAPTER 4
이렇게 해결하세요

진 것에 주의해 보라. 이론 1은 여전히 옳지만 더 이상 필요하지 않다. 이론 1은 이론 2의 특수한 경우일 뿐이다.

수많은 다른 결과들을 설명할 수 있는 이론을 발견한 원시인 과학자는 매우 행복했다. 원시인 과학자들은 그들이 발견한 이론을 돌판에 새겨 두어야 했는데, 솔직히 말해서 이론의 수가 적을수록 힘들게 돌판에 새길 것이 적어 좋았다.

조금 더 걸어가다 철수는 나무에 매어 공중에 떠 있는 빨간 풍선을 보고는, 그의 이론을 시험해 보기로 했다(물론 원시 시대에 풍선은 없었겠지만). 철수는 풍선에 달린 끈을 물어뜯어 풍선을 아래로 떨어뜨리며 풍선이 그의 멋진 이론을 입증해 줄 것으로 기대했다. 그러나 놀랍게도 풍선은 위로 올라갔다.

 이 순간 철수는 처음으로 중요한 과학적 위기를 맞게 되었다. 철수의 이론에 의한 예측은 수백 번이나 옳았다. 그러나 이제 단 한 가지가 틀렸다. 그래서 다른 훌륭한 과학자들처럼 철수는 이것이 실수이며, 실제로 일어난 일이 아니고, 원래 자신의 이론은 옳았다고 결정했다.

 하지만 불행하게도 그 옆의 두 번째 풍선도 역시 위로 올라갔다. 그 다음 풍선도 마찬가지였다. 철수는 이 풍선들이 어디서 왔으며, 누가 풍선들을 나무에 매달았는지 상상조차 할 수 없었지만, 이 골치 아픈 일을 더 이상 무시할 수 없게 되었다.

 철수에게는 두 가지 선택의 여지가 있었다. 그의 이론을 고치거나, 아니면 새로 시작해야 했다. 원시인 과학자들에게는 돌판에 이미 새겨진 이론을 버리고 새로 시작하는 것은 매우 어려운 일이었다. 그래서 철수는 어떤 것들이 아래로 떨어지고, 어떤 것들이 위로 올라가는지 부지런히 조사해 보았다. 무척 오랜 시간이 지난 후 우리는 철수의 후손이 돌판에 새긴 것을 찾아냈다.

이론 3 : 공기보다 가벼운 것은 위로 올라가고, 공기보다 무거운 것은 아래로 떨어진다.

 우리가 여전히 모든 것을 설명하는 하나의 이론을 가졌다는 것에 주의하라. 이론 1과 이론 2는 이제 가장 최근의, 그리고 가장 큰 이론의 특별한 경우일 뿐이다.

이런 이야기를 계속할 수 있다. 다음 단계는 솔방울을 물 속에서 떨어뜨리면 솔방울이 아래로 떨어지는 것이 아니라, 위로 올라간다. 그래서 이론 3에서 '공기'를 '여러분이 있는 어떤 곳에서'로 바꾸면 된다.

그리고 뉴턴의 중력 이론에 도달할 때까지 일반화가 계속된다. 이후 아인슈타인의 일반상대성 이론이 나타나자 뉴턴의 중력이론은 버리게 된다. 그 다음에는 어디로 갈지 상상조차 할 수 없다. 그러나 우리는 지금까지의 이야기에서 몇 가지 교훈을 배울 수 있다.

교훈 1 : 과학은 연역법과 귀납법 두 가지 과정으로 구성된다.

연역법은 일반적인 것에서 특별한 경우로 진행한다. 즉 이론들을 근거로 하여 예측을 한다. 귀납법은 특수한 경우로부터 일반적인 것을 유도한다. 즉 여러 가지 관측과 실험을 종합하여 새로운 이론을 창조한다. 연역법의 장점은 제대로 하면 결론은 항상 옳다는 점이다(최소한 처음에 사용한 이론이 옳다면). 귀납법은 여러분이 얼마나 잘하는가에 관계없이 결론에 항상 의심이 가고 자주 틀린다.

말할 것도 없이 진짜 과학은 귀납법으로 만들어진 초기 원리로 이루어진다. (이 이야기가 일반적인 중요한 사항들을 먼저 알려주고 '그것을 잘 설명해 주는 글'로 풀이해 주는 대신, 이야기-먼저 교훈-나중에 형식으로 풀어나간 이유이다. 여러분이 이 이야기를 충분히 이해했다면, 일반적인 교훈은 분명하게 특정한 이야기로부터 유도될 것이다. 여러분은 귀납법으로 이 교훈들을 얻을 수 있다.)

교훈 2 : 모든 사람은 올바른 이론을 얻기를 바란다.

과학자들은 예측을 하기 위해 엄청난 시간을 쓰며, 그 예측이 옳은 것으로 밝혀지기를 바란다. 그러나 과학자들은 예측이 옳은 것으로 밝혀지면, 실제로 별로 많이 배우지 못한다. 오히려 예측이 틀린 것으로 밝혀지면 진짜로 많은 것들을 배우게 된다. 하지만 많은 경우에 과학자 자신을 새로운 이론으로 인도하는 핵심적인 결과를 받아들이지 못한다. (교훈 2-1 : 과학자들 또한 사람이다. 과학자들도 일반인처럼 올바른 결과를 좋아한다.)

교훈 3 : 틀린 이론도 여전히 유용하다.

철수의 각각의 이론은 결국 틀린 것으로 밝혀졌지만, 그 이론은 최소한 더 일반적인 이론의 특별한 경우이다. 앞에서 각각의 이론은 그 다음 더 큰 이론의 기반이 되었다. 그리고 각각의 이론은 그 이론이 옳은 영역에서 사용한다면 매우 유용하다.

　우리가 오늘날 쌓아 올린 거의 모든 것들은 19세기의 물리학을 기반으로 이루어졌다. 19세기의 물리학은 너무 빠르거나, 너무 크거나, 너무 작은 것들을 제외한 모든 것들, 즉 자동차, 다리, 로켓 등을 만드는 데는 여전히 유용하다.

교훈 4 : 과학자들은 때때로 과학에 너무 흥분하여 식사하는 것도 잊어버린다.

　그래서 철수는 배가 고팠지만 행복했을 것이다.

　*이 이야기는 몇 년 전 인터넷에서 보고 과학영재교육원 학생들에게 도움이 되리라 생각하여 저장해 놓은 글을 번역하였다. 불행하게도 이제는 원문을 찾을 수 없어 원저자를 밝힐 수 없다.

창의력의 한 근원인 개념 재정립의 몇 가지 사례

조현욱(순천대학교 과학영재교육원장)

◇ 주제의 이해

영재교육에서 창의성 개발이 중요하다는 점은 어제오늘 강조해 온 일이 아니다. 실로 창의성은 영재교육을 넘어 사회 전반에서 새롭게 인식되고 있으며, 오늘날 개인과 단체, 그리고 사회와 국가에 이르기까지 장래의 발전을 좌우할 핵심적 요소로 떠오르고 있다.

이에 따라 특히 영재교육 분야에서나 창의성 개발은 매우 심도 있게 연구되고 있고, 앞으로도 이런 경향은 계속될 것이라 생각된다.

그런데 창의성을 흔히 기존 관념에서의 해방·도약·탈피 등으로 보는 선입관이 널리 스며들어 있다. 그래서 창의성을 일종의

'뿌리 없는 나무'로 여기는 사람들도 많다. 하지만 인간의 모든 활동은 어떤 바탕 위에서 이루어지고, 그 바탕이 얼마나 풍요로운 것인지에 따라 성과가 크게 좌우된다.

창의성의 경우 그 바탕의 하나로 여러 가지 개념의 올바른 정립을 들 수 있다. 인간의 지식 구조는 정교한 건물과 같아서 처음의 체계가 잘 잡혀야 제대로 짜맞추어 올라갈 수 있다는 점에서 볼 때 이 바탕이 소중하다는 것은 쉽게 이해된다.

그러나 현행 영재교육의 주요 부분인 중등과정의 여러 교재에서 심상찮은 오류들이 발견된다. 이런 오류들을 바로잡는 일은 영재들의 창의성을 올바로 이끄는 데 중요할 뿐 아니라 이를 통해 근본 원리에 대한 이해를 높인다는 점에서도 의의가 크다. 이에 따라 여기서는 수학과 과학 분야에서 나타나는 몇 가지 오류를 바로잡아 관련 개념을 올바로 정립해 보고자 한다.

◆ 방정식의 해집합

첫 수제로 방정식의 해를 생각해 보기로 한다. 그런데 이는 집합론에 그 근거를 두고 있으므로 우선 집합론의 기본 개념부터 간략히 살펴보고 본주제로 들어간다.

나열의 의미

집합의 원소를 나타내는 데 '조건제시법'과 '원소나열법'이 있다. 원소나열법의 의의를 좀 자세히 짚고 넘어간다.

오늘날 집합(set)은 대개 '잘 규정된 대상들의 모임(a collection of well-defined objects)'이라고 말한다. 이는 집합론의 실질적 창시자라고 할 수 있는 독일의 수학자 칸토어(Georg Cantor, 1845~1918)가 1895년에 펴낸 논문에서 처음 제시한 표현을 간명하게 가다듬은 것이다.

그런데 이를 읽고 나서 우선적으로 떠오르는 느낌은 '가장 엄밀한 학문'이라는 수학적 관점에서 볼 때 '상당히 엉성한 표현'으로 여겨진다. 그래서 이로부터 곧 '어떻게 규정된 것이 잘 규정된 (well-defined) 것인가?'라는 의문이 뒤따른다. 이에 대해서는 다음 2가지로 이해하는 것이 보통이다.

① 소속성 : 어떤 대상을 주어진 집합에 넣을 것인가 뺄 것인가, 즉 '소속 여부'를 명확하게 판가름할 수 있을 정도로 규정된 것을 가리킨다.

② 유일성 : 집합에 속한 임의의 대상 2개를 비교할 때 서로 같은가 다른가, 즉 '중복 여부'를 명확하게 판가름할 수 있을 정도로 규정된 것을 가리킨다.

①과 ②를 한 문장으로 엮는다면 '집합에는 조건에 맞는 대상을 넣되 한 번씩만 넣는다' 라고 간추려진다. 그리고 원소나열법에서의 '나열' 은 '넣되 한 번씩만 넣는 조작' 이라고 규정할 수 있다. 이 표현은 수학의 저변에 깔린 몇 가지 근본 관념과 상통하는 구조를 갖고 있으며, 그 자체적 의의도 중요하므로 처음부터 이처럼 명확히 해두는 게 바람직한데, 대부분의 교재들은 이를 소홀히 하고 있다.

아래의 예제는 이와 같은 나열의 개념을 올바로 이해하는 데 도움을 주기 위해 꾸민 것이다.

(예제) 어떤 반에서 하나의 분단을 만들다 보니 김영희, 김철수, 김철수, 이경애, 박소희, 송혜인, 오현철, 한승현의 8명으로 짜여 김철수라는 이름의 학생이 두 사람 들어가게 되었다.
 (1) 이 분단에서 '김씨 성을 가진 이름들' 이란 집합을 만들어라.
 (2) 이 분단에서 '김씨 성을 가진 학생들' 이란 집합을 만들어라.

(풀이) (1)과 (2) 모두 '소속성' 은 충족한다. 그런데 (1)에 들어갈 (소속될) 대상은 '이름' 이므로 '김철수' 라는 이름이 두 번 들어가면 '유일성' 에 위배되고, 따라서 한 번만 들어가야 한다. 반면 (2)에 들어갈 대상은 '이름' 이 아니라 '사람' 이다. 그러므로 '사람으로서의 김철수' 는 두 번, 즉 김철수란 이름을 가진 두 학생이 모

두 들어가야 한다.

이상의 검토에 따라 '원소나열법'을 이용해서 답을 써보면 (1)은 '김영희, 김철수', (2)는 '김영희, 김철수, 김철수'가 된다.

and와 or의 구별

집합론과 명제론은 물론 수학 전반에 걸쳐 and와 or의 구별은 가장 기초적인 주제 가운데 하나라고 말할 수 있다. 따라서 그 내용도 쉬운 편에 속하지만 구체적인 사례에서 뜻하지 않은 오류가 나오지 않도록 주의할 필요가 있다.

우선 예를 들어 집합론의 경우 and와 or는 교집합과 합집합, 명제론의 경우 논리곱과 논리합에 쓰인다.

집합론 : A and B = $A \cap B$ (교집합), A or B = $A \cup B$ (합집합)
명제론 : p and q = $p \wedge q$ (논리곱), p or q = $p \vee q$ (논리합)

그리고 다른 분야의 한 예로는 '합의 and 성격'과 '곱의 or 성격'을 들 수 있다. 아래 식에서 보듯, 두 수의 합이 0이면 둘 다 0이어야 함에 비해 두 수의 곱이 0이면 둘 중 하나만 0이면 된다.

$a+b=0 \Leftrightarrow a=0$ and $b=0$
$ab=0 \Leftrightarrow a=0$ or $b=0$

방정식의 해집합

이와 같은 예비 사항을 염두에 두면서 어느 중학교 교과서에 나오는 다음 문제와 풀이를 보자.

예제 다음 이차방정식을 풀어라.
$$x^2-7x+6=0$$
풀이 좌변을 인수분해하면
$$(x-1)(x-6)=0 \quad\text{─── ①}$$
이며, 따라서
$$(x-1)=0 \text{ 또는 } (x-6)=0 \quad\text{─── ②}$$
이다. 그러므로 구하는 해는
$$x=1 \text{ 또는 } x=6 \text{이다.} \quad\text{─── ③}$$

여기에서 ① 식은 $(x-1)=a$, $(x-6)=b$로 놓으면 $ab=0$의 형태이다. 그러므로 $a=0$ or $b=0$에 따라 ② 식처럼 $(x-1)=0$ 또는 $(x-6)=0$으로 '또는'이란 말로 연결하는 것까지는 옳다.

하지만 이것을 그대로 이어받아 ③ 식처럼

'구하는 해는 $x=1$ '또는' $x=6$이다.'

라고 쓰는 것은 오류이다. 왜냐하면 "다음 방정식을 풀어라"는 말의 정확한 수학적 의미는 "다음 방정식의 '해집합(solution set)'을 구하라"는 것이기 때문이다. 따라서 이 경우 올바르게 쓰자면

'구하는 해는 x=1 '과' x=6이다.'
로 해야 한다.

한 걸음 더 나아가 가장 원칙적으로 말하자면 '{x}={1, 6}'으로 써야 한다는 점도 지적해 주면 좋을 것이다. 그리고 보통의 경우 이렇게까지 엄격하게 할 필요는 없으므로 'x=1, 6' 또는 'x=1과 6' 정도로 쓰는 게 무난하다고 설명해 주면 된다.

그러나 이때도 그 배경에는 집합론적인 '나열'의 의미가 깔려 있다는 점을 명확히 해두어야 한다. 다시 말해서 'x=1과 6'에서 '과'는 집합론 및 명제론적인 'and'의 의미가 아니라, 원소나열법에 따라 집합의 원소를 나열할 때 나타나는 '콤마(comma)', 즉 ','의 의미로 쓰이는 것이다.

◇ 속도와 속력

수학과 물리학에서 '스칼라(scalar) → 벡터(vector) → 행렬(matrix)'로 이어지는 연산 체계는 매우 광범위하게 응용된다. 중고교 과정에서는 특히 스칼라와 벡터의 구별과 응용이 중요하다. 그런데 이 중에서도 가장 기본적이라고 할 '속도'와 '속력'의 소속이 서로 뒤바뀐 채 쓰이고 있으므로 하루빨리 바로잡아야 할 것이다.

chapter 4

이렇게 해결하세요

 우선 상식이지만, 스칼라는 'scale→scalar'로 변형된 것에서 보듯 '크기'만 가지는 물리량이다. 그리고 벡터는 '나르다(carry)' 라는 뜻을 가진 라틴어 'vehere'에서 유래했고, 일반적으로 모든 '탈 것'을 가리키는 'vehicle'이란 단어를 통해 이 어원의 뜻을 쉽게 이해할 수 있다. 그런데 뭔가를 나르려면 '어디로?' 라는 의문이 필연적으로 동반된다.

 따라서 이 점을 고려하면 벡터는 '크기'와 함께 '방향'도 가지는 물리량임을 자연스럽게 이해할 수 있다. 이때 그 크기는 화살의 길이, 방향은 화살이 가리키는 방향으로 보면 편하다. 그래서 벡터는 보통 화살표로 나타낸다.

 스칼라의 예로는 길이, 넓이, 부피, 질량, 에너지 등이 있고 벡터의 예로는 힘, 운동량, 전기장, 자기장 등이 있다. 이밖에 스칼라의 예로 '도(度)'가 들어가는 한 무리의 것들이 있다. 즉 온도, 밀도, 농도, 고도, 각도, 경도(硬度), 경도(經度), 위도(緯度) 등이다. 이것들은 모두 '얼마만한 정도'를 나타낼 뿐 방향이라는 관념이 개재될 이유가 없으므로 모두 스칼라이다.

또 하나의 단적인 예로 주류에 들어 있는 알코올의 양을 '도'로 나타내는 게 있다. 이것은 주류와 알코올의 '양'적인 비율을 말하므로 역시 방향이란 개념과 전혀 무관하다. 그런데 현재 우리는 '도'로 나타내는 물리량 가운데 오직 '속도' 하나만 벡터로 분류하고 있다. 하지만 이는 '빠른 정도'를 뜻할 뿐이므로 '도'자 돌림의 다른 식구들과 함께 당연히 스칼라에 포함시켜야 한다.

반대로 '속력'을 검토해 보자. 먼저 '력(力)', 즉 '힘'은 크기와 방향을 함께 가진 물리량으로 가장 기본적인 벡터이다. 그리고 '력'이 들어간 한 무리의 물리량들, 즉 원심력, 구심력, 중력, 전기력, 자기력, 마찰력, 표면장력 등이 또한 모두 벡터이다. 그런데 유독 속력 하나만 스칼라로 잘못 분류되고 있으며, 따라서 이것도 마땅히 벡터에 포함시켜야 한다.

이상의 논의가 타당하다는 점은 '속도 위반'이라는 일상용어를 봐도 알 수 있다. 우리가 속도 위반에 걸리는지의 여부는 "시속 얼마인가?"라는 '빠르기'가 문제되는 것이지 "어디로 가는가?"라는 '방향'이 문제되는 것은 아니다.

그런데 '속도 위반'이란 게 일상용어뿐 아니라 정식의 법률용어로도 쓰인다는 점을 고려하면 문제는 좀 더 미묘해진다. 속도는 수학에서만 벡터로 쓸 뿐 일상적으로나 법률적으로나 스칼라로 인정하고 있다는 뜻이기 때문이다. 어떤 교사용 지도서는 "우리가 '속도계'라고 부르는 것은 '속력계'라 불러야 옳다"라고 이야기하고 있지만, 이는 본말이 전도된 것으로 적어도 여기서는 수학이 양보해야 옳다.

마지막으로 영어와 비교해 보자. 영어에는 speed와 velocity란 단어가 있는데, 우리와 같은 비영어권 사람은 물론 영어권 사람들도 어감상 speed는 친밀한 일상용어로 여기며 velocity는 어딘지 딱딱한 전문용어로 여긴다. 그리고 이런 용법으로부터 자연스럽게 speed는 스칼라, velocity는 벡터를 가리키는 용어로 삼았다. 우리의 경우도 굳이 조사할 필요 없이 거의 모든 사람들이 '속도'보다 '속력'을 더 딱딱한 단어로 받아들일 것이며, 따라서 이 점에서 보더라도 서로의 소속을 바꾸는 게 타당하다.

◆ 유리화와 실수화의 필요성

현행 교육과정에서 무리수나 허수가 분수의 분모에 있을 때 행하는 '분모의 유리화'와 '분모의 실수화'는 각각 중학교와 고등학교에서 배운다. 그런데 이 두 주제가 논리적으로 긴밀한 연관성이 있는데도 불구하고 이런 점은 전혀 도외시한 채 단순히 계산 요령만 가르치고 있다.

먼저 분모의 유리화부터 살펴보자. 분모의 유리화는 무리수의 나눗셈과 관련된 계산이다. 그런데 무리수도 수이므로 자연수, 정수, 유리수와 마찬가지로 사칙연산을 해야 한다.

기본적으로 수라는 것은 계산을 하기 위해서 만들었으므로 가장 기본적인 사칙연산부터 되지 않는 한 사실상 아무런 쓸모도 없다. 그런데 무리수의 덧셈·뺄셈·곱셈에서는 별 문제가 없다. 예를 들어

$\sqrt{2} + \sqrt{3} = 1.414\cdots\cdots + 1.732\cdots\cdots = 3.146\cdots\cdots$

$\sqrt{2} - \sqrt{3} = 1.414\cdots\cdots - 1.732\cdots\cdots = -3.146\cdots\cdots$

$\sqrt{2} \times \sqrt{3} = \sqrt{6} = 2.449\cdots\cdots$

로 하면 되기 때문이다. 또한 나눗셈 가운데서도 무리수가 분자에 있을 때는 별 문제가 없다.

$\sqrt{2} \div 3 = 1.414\cdots\cdots \div 3 = 0.471\cdots\cdots$

과 같이 자릿수를 옮겨가면서 무한히 계속할 수 있기 때문이다. 하지만 무리수가 분모에 있을 때는 상황이 다르다. 아래 예의 경우

$2 \div \sqrt{3} = 2 \div 1.732\cdots\cdots$

처럼 계산해야 하는데, 몫의 맨 처음 숫자가 1인 것은 확실하지만 그 다음 자릿수를 알아내려면 아주 복잡한 계산을 거쳐야 한다.

(이 과정은 글로 설명하기가 곤란하고 직접 해보면 쉽게 납득할 수 있다.) 그렇더라도 복잡한 것을 감수하고 계속하면 아마 몇 자리까지는 구할 수 있을 것이다. 그러나 하면 할수록 오차가 증폭되며 결국 어느 단계에서는 더 이상 진행한다는 게 무의미해져 버린다. 즉 분모에 무리수가 있는 나눗셈은 위의 다른 연산과 비교할 때 현격한 어려움을 안고 있다.

물론 이에 대해서 "컴퓨터로 하면 될 것 아닌가?"라고 반문할 수 있다. 그러나 컴퓨터의 역사는 기껏 몇 십 년에 지나지 않으므로 선대의 수학자들은 그 혜택을 볼 수 없었다. 따라서 필산으로 할 때는 다른 방법을 고안해야 하며 그 해결책이 바로 분모의 유리화였다. 이런 점에서 분모의 유리화는 선대의 유물이라고 볼 측면도 있다. 그러나 아무리 계산기나 컴퓨터가 발달해도 필산은 반드시 필요하며, 특히 수가 아닌 수식의 형태를 계산할 때는 더욱 그렇다는 점에서 이런 인식을 불식할 수 있다.

한편 분모의 실수화에 대해서도 일단 계산의 편의성이란 점에서는 마찬가지로 이해할 수 있다. 하지만 여기에는 한 가지 추가 사항이 있다.

무리수의 경우 실수이므로 그에 대한 사칙연산을 따로 정의할 필요가 없다. 그러나 허수는 새로운 수이므로 사칙연산을 따로 정의해야 하며, 이때 분모의 실수화는 사실상 '허수로 나누기'라는 연산의 정의에 해당한다는 점이다. 더 정확히 말하면 '복소수

의 나눗셈'은

$$\frac{}{c+di} = \frac{ac+bd}{c^2+d^2} + \frac{bc-ad}{c^2+d^2}i$$

로 정의된다. 따라서 분모의 실수화는 단순한 선택사항이 아니라 필수사항이 되는 셈이다.

◆ 맺음말

첫머리에서 말했듯이 창의성은 기존의 굴레를 뛰어넘는 데서 나온다. 그러나 이 말을 창의성은 기존의 지식과 아무런 연결고리도 없는 것이라는 식으로 받아들여서는 안 된다. 오히려 창의성은 어떤 근본 원리를 가장 철저히 꿰뚫고 있을 때 언뜻 아무 상관없는 것처럼 보이는 다른 현상에서도 같은 원리가 운행됨을 발견하는 능력, 또는 이와 다른 새로운 원리가 작용하고 있음을 간파하는 능력을 가리킨다고 보는 것이 옳다.

이런 점에서 창의성을 최선의 수준으로 구현하려면 기존 지식에 나오는 여러 개념을 올바로 정립하는 것이 선결 과제임을 잘 알 수 있다.

이 글에서는 영재교육에서 접할 수 있는 몇 가지 사례를 통하여 이 과정을 구체적으로 살펴보았다. 앞으로 이런 지식들이 축적되어 보다 나은 영재교육에 기여할 수 있기를 기대한다.

  이상의 본 내용은 순천대학교 과학교육과 고중숙 교수의 조언과 저서(《수학 바로 보기》, 여울)를 토대로 작성되었다.

창의적 사고기법

손정우(경상대학교 과학영재교육원 중등물리 지도교수)

◇ 창의적 사고

창의성

창의적인 사람들은 자신감이 넘치며 독립적이고, 임기응변이 뛰어나며 열정적이면서 호기심이 많아 모험을 즐긴다. 또한 놀기를 좋아하고 유머 감각이 있으며 매사에 심사숙고한다. 그리고 예술에 관심이 많고, 복잡하고 신비로운 것에 흥미를 느끼며 혼자 있는 시간을 요구하기도 한다.

이러한 특성은 창의적 활동이나 취미생활을 통해 나타난다. 만들기에 손재주가 있어 손놀림이 능숙하고, 역할극에서 빠르고 정확한 움직임을 보인다.

창의적인 사람들의 특성은 그들이 가지고 있는 창의력에 의한 것이고, 이들 대부분은 길퍼드(Guilford, 1967)의 검사와 토랜스(Torrance, 1966)의 창의성 검사를 통해 측정될 수 있다. 하지만 이들 검사가 측정하는 유창성, 융통성, 독창성, 정교성만이 창의성은 아니다(Davis, 1998).

- 유창성 : 문제나 질문에 반응할 때 많은 생각을 산출하는 능력
- 융통성 : 특정한 문제를 다양한 관점에 따라 해결하려 하고 다른 범주에서 아이디어를 도출해 내거나 여러 관점에서 하나의 상황을 볼 수 있는 능력
- 독창성 : 독특함이나 사고와 행동에서의 차별성
- 정교화 : 특정한 아이디어에 구체적인 사항을 덧붙이는 것
- 문제 발견 : 문제의 확인, 곤란점 파악, 문제의 명확화 및 간결화, 빠진 정보 탐색
- 시각화 : 이미지와 아이디어를 정신적으로 조작할 수 있는 능력
- 퇴행 능력 : 어린아이와 같이 생각하는 능력으로 창의적 사고를 방해하는 습관, 전통, 규칙, 규정 등이 배제된 사고력
- 유추적 사고 : 하나의 맥락에서 아이디어를 도출해 그것을 다른 맥락에서 사용하는 능력
- 평가 : 관련성을 분석하고 비판적으로 사고하여 산출, 문제해결 등의 적절성을 평가할 수 있는 능력
- 분석 : 세부 사항으로 나누거나 전체를 부분으로 분해할 수

있는 능력
- 종합 : 관련성을 찾고 부분을 창의적인 전체로 결합할 수 있는 능력
- 변형 : 어떤 것을 새로운 것에 적용해서 다른 의미와 시사점을 발견하거나 하나의 대상 혹은 아이디어를 창의적으로 변화시키는 능력
- 경계선의 확장 : 보통의 생각을 초월하고 어떤 대상을 새로운 방법으로 사용하는 능력
- 직관 : 정보가 불충분해도 관련성을 잘 파악해 내며 '행간을 읽는' 능력
- 결과의 예언 : 다른 해결책을 마련하거나 행동의 결과를 미리 아는 능력
- 조급한 결론의 유보 : 처음 떠오른 아이디어에 연연해하지 않는 능력
- 집중력 : 산만하지 않고 특정한 문제에 초점을 맞출 수 있는 능력
- 논리적 사고력 : 부적절한 것에서 적절한 것을 분리해 내고 합리적인 결론을 끌어내는 능력

과학적 창의성
과학교육에서는 좁은 의미에서 과학적 사고력을 과학수업에서

chapter 4
이렇게 해결하세요

인지된 문제를 해결하는 데 필요한 논리적 사고로 다루어 왔다. 그러나 과학교육과 사회의 상호 연관성이 커짐에 따라 과학적 사고력은 형식화된 문제를 해결하는 데 필요한 능력이라기보다는 광범위한 문제에서 다양한 과학적 방법을 활용할 수 있는 능력으로 그 의미가 전환되고 있다.

과학적 사고력에 관한 연구는 많은 과학교육 학자들에 의해 이루어져 그 내용과 의견이 다양하다. 여러 연구에서 언급되고 있는 사고력을 고려하여 과학적 사고력을 '과학에 관련된 개인과 사회의 문제를 해결하고 의사결정을 하는 데 필요한 논리적·비판적·창의적 사고능력'이라고 정의 내릴 수 있다.

1) 논리적 사고력

논리적 추리는 근거를 바탕으로 결론을 유도하는 과정, 현상의 원인을 설명하고 예측하는 과정, 가설을 검증하는 과정에 적용되는 것으로 귀납적·연역적 가설-연역적 추리가 포함된다. 논리적 사고로 해석되는 과학적 사고에는 귀납적 사고, 연역적 사고, 가설-연역적 사고가 포함된다.

2) 비판적 사고력

과학과 사회의 관련성이 증대되면서 본격적으로 논의되기 시작한 과학적 사고력이 비판적 사고력이다. 비판적 사고력을 '무엇을 믿어야 할지 혹은 무엇을 해야 할지 결정하는 일에 있어서 중점적으로 사용되는 합리적·반성적 사고'라고 정의할 수도 있다. 과학적 소양인에게 요구되는 능력 가운데 '의사결정 과정에서 여러 대안 중 합리적인 것을 선택하고, 새로운 선택을 제시하며, 입장을 결정하는 능력'이 비판적 사고에 해당된다.

3) 창의적 사고력

과학적 창의성은 창의적 사고만으로 발현될 수 없으며, 과학 지식 내용과 과학적 탐구 기능이 함께 사용된다. 따라서 과학적 창의성은 다음 3가지 측면에서 살펴보아야 한다.

과학적 창의성 활동을 위한 3가지 사고는 발산적 사고, 수렴적 사고, 연관적 사고가 있다(박종원, 2004). 발산적 사고는 유창성·융통성·비관습적 사고가 있으며, 수렴적 사고에는 정합성·통합성·단순성이 있고, 연관적 사고에는 유사성 사고(비유·은유·귀추)와 비유사성 사고(결합·조합·연결)가 있다.

◇ 창의성의 발현 과정

 창의적 과정에 대한 관점은 여러 가지가 있다. 첫 번째는 창의적으로 문제를 해결하는 과정을 연속적인 단계로 기술하는 것이고, 두 번째는 창의적 과정을 새로운 아이디어의 결합 또는 새로운 적용 등 지각의 변화로 보는 것이며, 마지막으로는 창의적 사고기법에 의한 것이다. 이것은 개개인이 새로운 아이디어를 결합하거나 관계를 찾아서 창의적인 산출물을 만들기 위해 사용하는 전략이다.
 마지막에 제시된 창의적 사고기법은 최근의 개념으로 창의성을 '새롭고 가치 있는 유용한 것을 만들어 내는 능력으로 개인의 인지적 능력과 정의적 특성이 환경 및 과제, 상호 작용을 통하여 발달되고 결정된다'는 통합적 관점이다.

창의적 과정의 연속적 단계

1) 월러스(Wallas) 모형

가장 잘 알려진 모형으로 월러스(Wallas)는 1926년에 《사고의 기술(The Art of Thought)》에서 창의성이 어떻게 문제해결 과정에서 발휘되는지를 확인하는 연구를 통해 창의적 사고과정을 순차적으로 준비, 숙고, 통찰, 확인 단계로 제시하였다. 이들 단계는 문제의 진술, 가설 설정, 연구의 계획과 수행, 결과의 평가 등과 같은 고전적인 과학적 방법과 유사하다.

- 준비 단계 : 문제의 명확한 정의, 관련 정보의 수집, 유용한 자료의 검토, 해결해야 할 요구사항의 검사 등을 한다.
- 숙고 단계 : 문제해결자가 문제해결과 무관한 활동을 하는 동안 발생하는 것으로 미처 깨닫지 못하거나 무의식적인 활동 기간이다. ⇒ 메모가 필요함.
- 통찰 단계 : 깨달음으로 "아하!" 하고 소리치는 순간이다. 어떤 문제의 해결책이 갑작스럽게 떠오르는 단계이다.
- 확인 단계 : 실행 가능성이나 수용 가능성(추구할 가치에 대한 평가)을 점검하는 단계이다.

위의 4단계를 확장시킨 크로플리(Cropley, 1997)의 모형은 7단계로, '준비 → 정보(특정 정보에 대한 학습과 기억) → 숙고 → 통찰

→ 확인 → 의사소통(종결, 피드백 구하기, 발표) → 타당화(교사나 관계장에 의한 평가)'이다.

미하이 칙센트미하이는 위의 4단계를 확장시킨 순환적 5단계를 제시하였다. '준비 → 잠복기 → 깨달음 → 평가 → 완성'으로 완성되지 못할 경우 다시 잠복기로 되돌아가는 순환적 모형이다.

2) 2단계 모형

포괄적 사고 단계와 정교화 단계는 창의적 과정에서 필수적이다.

- 포괄적 사고 단계 : 새롭고 흥미로운 아이디어나 문제해결책을 찾는 단계이다.
- 정교화 단계 : 개별적인 창의적 사고기법을 사용해서 아이디어를 발견한 후, 사고를 개발하고 정교화시키며 실행하는 단계이다. 예) 소설가가 시놉시스를 먼저 만들고, 계속 이야기를 전개해 가는 과정

3) 창의적 문제해결 모형

오스본(Osborn, 1963)에 의해 제안되었으며 파네스(Parnes, 1981), 트레핑거(Treffinger, 1994)에 의해 더욱 구체화되었다. 각 단계는 발산적 사고를 먼저 한 후 앞으로의 탐구를 위해 가장 가능성 높은 아이디어를 선택하는 수렴적 사고가 요구된다.

- 사실 발견 : 문제 혹은 도전에 관해 알고 있는 모든 것을 나열하는 단계
- 문제 발견 : 대안적 문제에 대한 정의를 나열하는 단계
- 아이디어 발견 : 발산적 사고, 브레인스토밍을 통해 다양한 정의들을 선택하는 단계
- 해결책 발견 : 평가기준을 세워서 아이디어를 평가하는 단계
- 수용 발견 : 최선의 아이디어를 실행하는 방법을 발견하는 단계

이러한 모형들이 주는 시사점은 단순히 브레인스토밍과 발산적 사고에만 초점을 두는 것이 아니라 사실과 자료의 수집, 문제 정의 및 생성, 아이디어의 평가, 해결책의 평가 등 다른 단계도 포함해야 한다는 것이다.

지각 전환의 창의적 과정
새로운 관점으로 '보는' 방법의 전환에 의해 아이디어를 새로운 의미나 관계로 파악하는 과정이다.
예) 두 가지 이상의 기능이 결합된 상품 – 복합기

◆ 창의적 사고기법

창의성에 대한 장애물
지각적 · 문화적 · 정서적 장애물로 구분할 수 있다.

- 지각적 장애물 : 자신에게 익숙한 방식으로 사물을 지각하기 때문에 새로운 방식이나 창의적인 방법으로 사물을 지각하지 못하는 것을 의미한다.
- 문화적 장애물 : 학습과 습관(전통, 순응 압력, 사회적 기대 등)에 의해서 발생
  예) 잘되지 않을 거야, 비용이 많이 들 거야, 부모님이 어떻게 생각할까, 그런 규제에서 결코 그런 일을 할 수 없어, 분명히 다른 사람이 이미 제안했을 거야.
- 정서적 장애물 : 창의적 사고를 막는 불안전성과 불안
  예) 실패에 대한 공포, 감독자에 대한 공포, 직업 불안 등

창의성 신장 훈련
창의성은 연습과 훈련에 의해 기를 수 있으며, 이를 위한 훈련법을 소개한 연구가들도 많이 있다. 이들이 밝히는 창의성 훈련의 목표는 창의성에 대한 의식을 기르고, 창의적 활동에 학생들을 참여시켜 창의적 태도, 창의적 사고기법 등을 가르치는 것이다.

> **창의적 태도에 방해가 되는 10가지 정신적 장애물**
>
> - 정답만 말하자.
> - 논리적이어야 한다.
> - 규칙을 따르자.
> - 애매모호함은 피하자.
> - 실수하는 것은 잘못이다.
> - 놀이는 시시한 것이다.
> - 그것은 내 분야가 아니야.
> - 나는 창의적이지 못해.
> - 쓸모 있어야 한다.
> - 어리석은 짓 하지 마라.
>
> — Roger von Oech, 《거꾸로 생각하기》, 1983

1) 유창성, 융통성, 독창성, 정교화

브레인스토밍과 같은 소집단 활동을 통해 창의성을 연습할 수 있다.

- '만일 ~라면 어떤 일이 일어날까?' 라는 예상할 수 없는 사건에 대한 결과를 목록으로 작성
- 어떤 물품의 개선책을 생각해 보도록 하는 것
- 물건의 특별한 용도를 생각하게 하는 것
- 설명을 요구하는 문제의 제기
- 문제를 설계

2) 문제의 정의

실제적인 문제를 찾고, 그 문제를 단순화하고 명료화하는 연습을 한다. 이를 위해 문제의 중요한 요소를 찾아내고, 하위 문제를 찾아본다. 또 대안적 문제의 정의를 제시하고, 새로운 해결 가능성을 찾기 위해 문제를 더 포괄적으로 정의한다.

3) 그밖의 창의성 훈련 방법

- 시각화와 심상 : 상상력을 연습하는 과정으로 창의적인 그림이나 글쓰기 활동이 된다.
- 유추적 사고 : 어떤 동물이 바이올린과 유사한가?
- 단어 연습 : 시 짓기, 단어 나열하기 등

창의적 사고기법 훈련

1) 아이디어를 찾는 방법 이해

창의적인 사람들이 어떻게 아이디어를 찾는지 알아봄으로써, 자신도 창의적인 아이디어를 창출할 수 있다는 생각을 가질 수 있다.

2) 브레인스토밍

브레인스토밍은 여러 사람이 모여 하나의 대상물에 대해 아이디어를 내고 이를 바탕으로 최선의 해결책을 얻는 방법이다. 브레인스토밍은 다음과 같은 아이디어 규칙을 따라야 한다.
- 판단을 미루어라 : 각자가 내놓은 아이디어에 대해 비판하거나 칭찬 등의 평가를 하지 마라.
- 제멋대로의 아이디어를 환영하라 : 폭넓은 아이디어가 우선이고, 나중에 이를 수정한다.
- 아이디어는 많을수록 좋다 : 대체로 나중에 나온 아이디어가 더 상상력이 풍부하다.
- 결합과 개선점을 찾아라 : 이전 아이디어를 다시 재구성하여 새로운 아이디어를 만들 수 있어야 한다.

3) 속성 열거법
- 속성 변형 : 대상의 주요 속성을 열거하고, 각각의 속성을 향상시킬 수 있는 방법을 생각
  예) 게임 프로그램의 아이템 제작
- 속성 전이 : 한 상황에서 다른 상황으로 아이디어를 전이하는 유추적 사고의 한 예
  예) 학급 행사의 기획 아이디어를 영화에서 빌려옴

4) SCAMPER 방법
SCAMPER 방법이란 사물의 형태를 분석하는 방법의 일종으로 현재 발명 아이디어 생성 기법으로 널리 쓰인다. SCAMPER란 7

가지 질문에 들어 있는 핵심 단어의 첫 철자를 따서 만든 약어로서 다음과 같은 질문을 하여 아이디어 생성을 촉구한다.

- substitute : 성분, 재료, 방법, 과정을 바꿔 보면?
- combine : 물건과 물건을 더하거나 방법과 방법, 물건과 방법을 조합해 보면?
- adapt : 모양, 재료, 방법, 원리 등을 다른 아이디어를 빌려 응용해 보면?
- modify-magnify-minify : 수정-확대-축소해 보면?
- put to other use : 다른 용도로 사용하면?
- eliminate : 제거하거나 압축, 수를 줄이거나 없애 버리면?
- rearrange-reverse : 재배치-거꾸로 하면?

예를 들면 다음과 같다.

- 밀폐용기의 성분, 재료, 방법, 생산과정을 바꿔 보면? (substitute)

  → 환경호르몬을 덜 방출하는 재질, 가벼운 재질, 색깔이 화려한 재질

- 물건과 물건을 더하거나 방법과 방법, 물건과 방법을 조합해 보면? (combine)

  → 항아리+락앤락, 황토 토기+락앤락, 토기+강화유리 밀폐용기

- 모양, 재료, 방법, 원리 등을 다른 아이디어를 빌려 응용해 보면? (adapt)

  → 토기 제작 재료와 방법을 플라스틱 밀폐용기 제작에 응용해 본다.

- 밀폐용기의 크기를 다르게, 크게, 작게 해보면? (modify-magnify-minify)

  → 음식물의 모양과 크기에 맞게 변하는 밀폐용기

- 밀폐용기를 다른 용도로 사용한다면? (put to other use)

  → 나사나 못을 보관하는 상자, 돈 담는 통, 실이나 단추 등 작은 물건을 보관하는 통 등 다양하게 사용될 수 있다.

- 제거하거나 압축, 수를 줄이거나 가볍게 하면? (eliminate)

  → 지금도 충분히 가벼운데 밀폐용기에서 네 모서리에 있는 잠금 고리를 없앨 수 있는 방법이 없을까? 늘 거치적거리는 게 불편했다.

- 밀폐용기를 거꾸로 하여 보거나 반대로, 또는 위치를 바꾸거나 정반대로 생각해 보면? (rearrange-reverse)

  → 뚜껑 높이를 높게 하고 본체는 깊이를 얕게 하는 것이다. 케이크와 같은 경우 이런 용기에 보관하면 좋겠다.

5) 시네틱스 기법

겉으로 보기에는 전혀 관계가 없어 보이는 요소들을 서로 연결시키는 것으로, 직접 유추, 개인적 유추(사고하는 사람이 문제의 일부분이 되도록 하는 것), 환상 유추, 상징 유추(서로 모순이 있는 것처럼 보이는 두 단어로 된 말을 생각하는 것)가 있다.

- 직접 유추 : 당신이 자유에 대해 갖고 있는 개념을 가장 잘 나타내 줄 수 있는 동물은 무엇인가?
- 개인적 유추 : 당신이 선택한 동물이 되어라. 자유에 대한 느낌과 행위에 대하여 기술하라.
- 환상 유추 : 당신이 선택한 동물이 되어 당신이 느꼈던 '자유'와 '구속'에 관해 기술하라.
- 상징 유추 : 당신 생활의 자유로움과 구속에 대해 한 단어로 표현하라.

6) 트리즈를 이용한 문제해결

트리즈(TRIZ)란 '창조적 문제해결 이론(theory of inventive problem solving)'이란 뜻의 러시아어(teoriya reshniya izobretatelskikh zadatch)의 머릿글자로 발명과 혁신을 달성하기 위한 구체적인 접근법을 말한다. 트리즈는 인류가 축적해 온 방대한 기술적 지식을 재가공하여 규칙적이고 체계적으로 재사용할 수 있는 발명 원리와 발전의 법칙, 그리고 자연과학적 지식을 용이하게 활용할 수 있도록 기능별로 체계화한 지식기반의 창의적 문제해결 기법이라고 할 수 있다.

미하이 칙센트미하이가 제안하는 창의성 향상 훈련

호기심과 관심 가지기
- 매일 무언가에 놀라움을 느껴 보도록 하자.
- 매일 적어도 한 사람을 놀라게 해보자.
- 매일 자신이 경험한 것들을 기록해 보자.
- 무언가에 흥미가 당길 때 그것을 따라가자.

몰입 상태 연습하기
- 아침에 특별한 목표를 생각하면서 일어난다.
- 무엇을 하든 간에 집중해서 해본다.
- 모두가 아는 가장 일상적인 활동으로 시작해 보자.

주의력 조절하기
- 시간표를 지킨다.
- 성찰과 휴식을 위한 시간을 갖는다.
- 수면 습관을 조절하는 방법도 매우 중요하다.
- 자신만의 공간을 꾸민다.
- 우리의 삶에서 좋은 것과 싫은 것을 가려낸다.
- 좋아하는 일을 늘리고 싫어하는 일을 줄인다.

창의적 에너지의 적용
- 나를 움직이고 있는 사건을 표현해 본다.
- 다각도로 문제를 바라본다.
- 문제가 함축하고 있는 의미를 생각한다.
- 해결책을 보완한다.

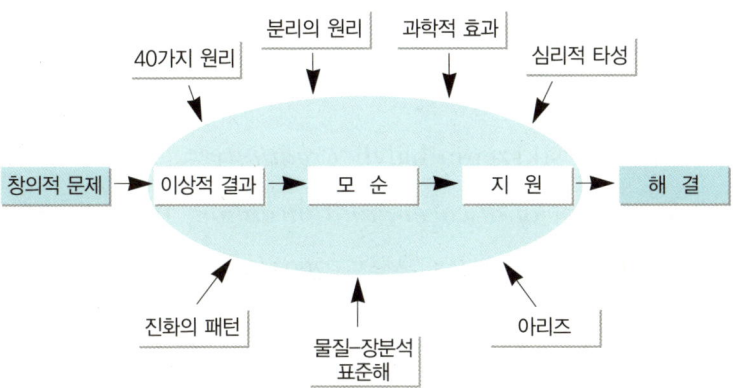

출처 : 한국트리즈협회 http://www.triz.or.kr

참고문헌

- 박종원, 《과학적 창의성 모델의 제안 – 인지적 측면을 중심으로》, 한국과학교육학회지, 24(2), 2004.
- 한순미·김선·박숙희·이경화·성은현, 《창의성》, 학지사, 2005.
- Arthur VanGundy, *101 Activities For Teaching Creativity and Problem Solving*, John Wiley & Sons, Inc., 2005.
- Davis G. A. & Rimm S. B., *Education of the Gifted and Talented*, 1998. / 이경화·최병연·박숙희 역, 《영재교육》, 박학사, 2005.

- Hyman Ruchlis, *How Do You Know It's True?*, 1991. / 김정희 역, 《어떻게 하면 과학적으로 사고할 수 있을까?》, 에코리브르, 2005.
- Mihaly Csikszenmihalyi, *Creativity : Flow and the psychology of discovery and invention*, 1996. / 노혜숙 역, 《창의성의 즐거움》, 북로드, 2003.

과학적 창의성을 키우는 방법

채원석(대진대학교 과학영재교육원장)

사전적인 의미의 '창의성'은 '새로운 것을 생각해 내는 특성'으로 정의되고, 이러한 특성이 많고 적음을 '창의력'이 풍부하다 또는 적다로 표현한다. '과학적 창의성'은 문학 또는 음악, 미술 분야의 창작성과 구분되어, 합리적이고 체계적인 방법으로 사물의 이치를 표현한 새로운 생각이다. 따라서 '과학적 창의성'은 합리적인 생각으로 체계적인 새로운 상황을 만들어 내는 특성으로 설명할 수 있다.

창의성은 새로운 것을 만들어 내는 '천지창조'의 개념이 아니다. 창의성이 풍부하여 창의력을 갖고 있는 천재적 과학자가 획기적인 발명을 하거나 신제품을 개발하는 것은 과학적 사고를 토대로 했을 경우에만 가능한 것이다.

중세 시대의 연금술사들은 과학적인 사고보다는 과거의 경험이나 종교적 믿음을 반영한 개발 활동을 수행하였다. 일반적으로 과학자는 정규 학교 과정을 정상적으로 이수하고 일하는 분야에서 수십 년간 몰두하게 된다. 흔하지는 않지만 정규 학교를 이수하지 않은 과학자는 관심 있는 분야에 대해 다른 사람들보다 많은 지식을 갖고 있다.

이렇듯 과학자들은 남들이 모르는 많은 시간과 노력을 투자하여 해당 분야에 대한 많은 지식을 갖고 있기에 새로운 상황을 만들어 내는 과학적 창의성을 발휘하게 되는 것이므로 과학적 창의성은 누구나 노력 여하에 따라 개발할 수 있고 키울 수 있다.

창의성은 조각(블록) 놀이와 비유할 수 있다. 상자 안에 있는 많은 조각들은 모양과 색이 다양하고, 이러한 조각들을 이용하여 여러 가지 모양과 형태를 표현할 수 있다. 그렇기 때문에 조각을 이용한 다양한 창의성 테스트는 유용한 경우가 많다.

그러나 조각의 수량과 모양에는 한계가 있으며, 창의성이 없더라도 훈련과 연습으로 창의성을 구현할 수 있다. 제한적인 조각을 이용한 창의성은 제한된 창의성만 표현할 수 있으며, 정형화된 조각들은 창의성 표현에 제한적일 수밖에 없다. 그러나 정형화된 조각이 아닌 생각 속에 다양한 모양의 조각들을 갖고 있다면 무한한 창의성을 발휘할 수 있을 것이다.

여기에서는 우리 아이들의 과학적 창의성을 키울 수 있는 방법에 대하여 논하고자 한다.

◆ 창의성 개발을 위한 전 단계 - 동기 유발

　영국 속담에 '말을 물가에 데려갈 수는 있어도, 물을 마시게 할 수는 없다'란 말이 있다. 세상의 할 일은 다양한 분야로 세분되어 있고, 창의성은 '약방의 감초'가 아니다. 어떤 한 아이가 모든 분야에서 창의성을 발휘할 수는 없다는 것이다.
　각자 개성과 취향에 따라 좋아하는 분야가 있기 때문에 그 분야에 맞는 동기부여가 중요하다. 동기부여를 할 때 훈육을 통한 체벌이 수반된다면 아이의 내부에 잠재되어 있던 창의성은 영원히 사라질 것이다. 개인의 적성은 창의성보다 먼저 형성되고 갖추어진다. 따라서 창의성을 이용하여 적성에 적응할 수는 없다.
　아이의 동기를 유발하기 위해서는 아이의 입장에서 생각하여 아이의 욕구가 무엇인지 알아야 한다. 욕구에 맞는 환경을 갖춰 주고 그에 맞는 과제를 준다면 적성에 맞는 창의성이 개발될 수 있다. 즉 상대방의 감정을 존중하는 것부터 시작해야 한다.

◆ 잠재적 창의성을 일깨울 성취동기 유도

　아이의 적성에 맞는 분야에 동기유발된 상태라면 많은 요구사항이 수반된다. 아이들이 갖는 성취 욕구에 따라 주어진 환경이

부족할 수도 있고 과잉 상태일 수도 있다. 그래서 지적 욕구의 성취 정도를 확인해야 할 필요가 있다.

영재성을 갖고 있는 아이라면 주어진 환경이 항상 부족하다고 느낄 것이다. 동기유발로 많은 지식이 늘어만 가는 아이에게 성취감을 통한 성취동기 유도는 또 다른 자극이 되어 잠재되어 있는 창의성을 일깨운다.

아이들이 알고는 있지만 체계적이지 못한 부분에 대해서 꾸짖거나 무시한다면 어렵게 얻은 동기유발이 무산될 수도 있다. 부족하지만 조금만 수정·보완하면 더 잘해 낼 수 있다는 자극을 주는 것이 무엇보다 중요하다.

너무 높은 성취동기는 부작용을 초래할 수 있다. 그러나 아이 자신에 의해 설정된 성취욕은 아무리 높아도 과하지 않다. 문제는 부모에 의해 갖게 된 높은 성취욕구이다.

◇ 창의성 개발의 시작 – 독서

조각 놀이로 비유될 수 있는 창의성은 흐트러져 있는 조각을 맞추는 일이라 할 수 있다. 창의성을 표현하기 위해서는 조각을 많이 갖는 것이 가장 중요하다. 조각을 이용하여 자동차를 만들고자 한다면 몸체를 만들 조각들뿐만 아니라 동그란 모양의 조각이 반드시 있어서 바퀴 역할을 해야 한다. 그러나 바퀴를 만들 동그란 조각이 없다면 배를 만들 수밖에 없을 것이다. 창의성을 발휘하기 위해서는 자신이 알고 있는 분야나 영역에 대해 해박한 지식이 필요하다. '장님 코끼리 만지기' 처럼 부분적 지식만 갖고는 창의성을 드러낼 수 없다.

적성에 맞는 독서(책 읽기)는 머릿속으로 상상의 조각을 채우는 과정이라 할 수 있다. 물리학, 화학, 생물학, 천문학 등의 분야에 대한 기초지식은 책 속에 있으므로, 독서를 통해 관심 있는 분야의 기초지식들이 머릿속에 쌓인다면 동기가 유발된 적성 분야에서 다른 아이들보다 많은 창의성을 발휘할 수 있다.

예를 들어 우리 아이가 많은 독서를 통해서 어떤 분야에 대한 상상의 조각들을 많이 갖고 있으며, 최근 다양한 기관에서 수행하고 있는 영재교육의 기회를 갖게 된다면 아이의 머릿속에 자리 잡고 있는 조각들은 춤을 추듯이 높은 창의성으로 새로운 상황을 전개할 것이다.

◆ 창의성의 발전 – 인내와 집중, 그리고 박학다식

어제 읽은 독서 내용으로 오늘 창의성을 발휘할 수 있을까? 창의성은 어떤 관심 대상에 대한 숙고의 산물이다. 오로지 한 가지에 집중하고 많은 시간과 노력을 들인 것에 대한 결실이 창의성이라 할 수 있다. "어느 날 갑자기 생각이 떠올랐어!"라는 것은 있을 수 없다. 수개월 또는 수년 동안 생각해 왔던 것이 어느 날 해결될 수는 있다.

벤젠(benzene, C_6H_6)의 구조를 발견한 화학자 케쿨레(Kekule)는 벤젠의 육각형 구조를 꿈속에서 보고 입증했다는 일화가 있다. 얼마나 집중적으로 생각했기에 꿈에서 6마리의 뱀이 꼬리에 꼬리를 물고 육각형을 이룬 모습이 보였겠는가. 아마도 오랜 세월 동안 밤늦게 연구실에서 집중력 있게 생각하다가 잠결에 구상된 화학구조 모형일 것이다.

한번 발현된 창의성은 이후 습관적으로 발현될 수 있다. 차원을 뛰어넘는 창의성은 습관이 될 수 있다. 그러나 반대로 한 번도 창의적 사고를 해보지 않은 사람은 영원히 창의성을 발휘하지 못할 수도 있다.

근래에는 창의성이 학문간 협조로 이뤄지는 경우가 많다. 때문에 대학가에서는 부전공과 복수전공의 시대를 지나 연계전공 등의 새로운 분야가 개발되고 있다. 이런 학제간 연구는 기존의 학문 분야에서 생각하지 못한 새로운 상황을 만들어 내는 데 도움이 되며 창의성 구현에도 큰 역할을 하고 있다. 그러므로 우리 아이들에게도 지나치게 획일화된 모양의 조각들만 쌓이도록 하지 않는 것도 중요하다.

◆ 맺는말

우리 아이들의 적성 분야에 대한 과학적 창의성을 발현시키기 위해서는 먼저 독서를 통해 과학적 단어 및 용어, 술어 등과 같은 조각들을 생각 속에 심어 주어야 할 것이다. 그 후에 교육기관의 전문가들과 함께 조각을 맞춰 가면 창의성이 하나씩 드러날 것이다. 이렇게 나타난 창의성은 보다 높은 창의성을 낳는 밑거름이 되고, 우리 아이들은 습관적으로 과학적 창의성을 발현하는 과학영재로 거듭날 것이다.

Chapter

5

과학영재는 우리의 미래

과학영재 교육이 우리 교육에 미치는 효과

이성묵(서울대학교 과학영재교육원장)
이인호(서울대학교 과학영재교육원 연구원)

◆ 교육자료 개발 및 전파를 중심으로

"과학영재 학생들을 어떻게 가르쳐야 하는가?"라는 질문은 과학영재 교육 방법에 대한 물음인 동시에 과학영재 교육의 영원한 숙제이다. 많은 사람들의 뜻을 모아 과학영재를 선발한 후, 열성으로 교육에 임하지만 우리가 가르치고 있는 방법이 최선의 과학영재 교육 방법이 아닐 수도 있다.

분명한 것은 우리가 뽑은 학생들 중에 과학에 재능이 있는 영재학생이 포함되어 있을 확률이 높고, 우리는 이 학생들이 지속적으로 과학을 공부하여 과학인재로 자라나도록 도와주어야 한다는 것이다. 또한 뽑히지는 못했지만 어딘가에 있을지 모르는 '숨어 있는 과학영재'들까지도 도와줄 수 있는 방법을 찾아야 한다.

과학영재 교육에서 중요한 세 가지 요소는 과학영재의 선발, 과학영재 교육 담당 교수진, 과학영재 교육자료라고 할 수 있다. 이 중에서 과학영재 교육자료의 개발 및 운영은 매우 중요하다. 왜냐하면 좋은 과학영재 교육자료는 영재 학생들이 스스로 학습하려고 하는 동기를 부여하고 호기심을 유발할 수 있기 때문이다.

아인슈타인을 비롯해 과학 분야에서 '천재'라고 일컬어지는 사람들의 공통점은 스스로 공부했다는 것이다. 과학영재 학생들의 자발적인 학습 욕구는 과학인재로 자라나는 데 꼭 필요한 것이다. 특히 과학영재 교육자료는 인터넷을 통해 널리 전파할 수 있어 모든 학생들이 쉽게 접할 수 있다는 장점이 있다. 일부 뛰어난 학생들을 교육하기 위한 목적으로 개발된 자료지만, 일반 학생들에게도 유익한 자료가 되어 숨어 있는 과학영재를 간접적으로 교육시킬 수도 있다.

이러한 과학영재 교육자료를 개발할 수 있는 환경을 잘 갖추고 있는 곳은 현재 운영되고 있는 전국 25개 대학 부설 과학영재교육원이라고 할 수 있다. 그 이유는 다음과 같다.

첫째, 과학의 여러 분야에서 학문적 전문성을 갖춘 대학교수진이 참여하고 있다. 전공 분야에 깊은 지식과 이해를 갖춘 대학교수들은 과학 개념을 보다 알기 쉽게 설명할 수 있고, 과학 지식을 일상생활의 경험과 다양하게 연결시킬 수 있으며, 잘못 생각하기 쉬운 과학적 오류를 집어 낼 수 있다. 대학교수들의 강의는 수준을 적절하게 조절한다면 과학에 입문하는 중학교 학생들에게 충분한 흥미를 유발시킬 수 있을 뿐 아니라, 더 깊이 알고 싶어하는 학생들의 지적 욕구도 계속 만족시켜 줄 수 있다.

둘째, 석사 및 박사과정 대학원생들을 활용하여 과학영재 교육에 대한 연구가 가능하다. 대학 부설 과학영재교육원에는 전공 내용을 연구하는 석사 및 박사과정 대학원생들이 있다. 이러한 연구 인력을 활용하여 자기가 맡은 전공 분야에서 국내뿐 아니라 외국의 과학영재 교육 현황에 대한 조사와 각종 자료를 수집하고 분석하여 과학영재 교육자료 개발에 반영하고 있다.

셋째, 현장 교사도 직접 참여하고 있다. 학교 현장에서 학생들을 오랫동안 가르쳐 본 교사의 경험은 학생들을 지도하는 방법과 학생들이 스스로 학습할 수 있는 교육자료의 형태 및 구성에 대한 아이디어를 얻는 데 큰 도움이 된다.

반대로 현장 교사가 과학영재 학생을 지도하면서 겪는 어려움을 파악하고, 이를 해결하기 위한 방안을 찾는 데도 기여한다. 즉 학생들을 지도하는 입장에서 바라보는 교사의 시각과 어려움을 반영한 과학영재 교육자료를 개발할 수 있다는 것이다. 이렇게 개발된 자료를 활용하면 일반 교사들이 학교 교육에도 유용하게 활용할 수 있을 것이다.

다음의 예시에서와 같이 영재 학생들의 반응을 정리한 지도교사 후기는 양질의 영재교육 자료 개발에 큰 도움이 된다.

2006년 영재교육 담당 지도교사 후기의 예

〈난이도 관련〉
수업 처음에 나누어 준 진단평가지 문항에는 대부분 학생들이 옳은 답을 하였다. 그런데 물체의 상의 위치에 대하여 물어 보았을 때는 단 1명의 학생만 두 개의 광선을 추적하여 알아낸다는 옳은 답을 하였고, 나머지 학생들은 어떤 답도 하지 못하였다. 모든 학생들이 중학교 1학년 과정에서 빛에 대해 학습하였지만, 물체의 상에 대해서는 지식이 거의 없음을 알 수 있었다. 상의 형성에 대해 난반사의 중요성, 두 광선 추적하기, 곡면에서는 접선을 그려 반사 또는 굴절 법칙 적용하기, 거울과 렌즈에서 상의 작도 등 다소 많은 이론이었지만 학생들은 기존에 경험한 것이 많았으므로 대체로 이해하는 듯하였다. 학생들에게 난이도도 적당한 듯했고, 흥미롭기도 했다고 판단된다.

〈내용 관련〉
진단 평가를 통해 학생들의 호기심을 유발하고, 광선 추적 방법으로 상의 위치를 찾는 방법을 강의로 알려 주며, 조별 활동을 하고 발표를 하는 내용 구성은 학생들이 받아들이기에 적절한 흐름이었다고 판단된다. 특히 진단 평가 후 강의 내용이 그 후 활동을 할 때 학생들이 관찰한 것을 이론적으로 설명하는 데 유용하게 사용되었다.
다만 '활동 1 : 평면 거울에 의한 물체의 상 위치 찾기' 활동은 학생들이 그 의미를 잘 이해하지 못하는 듯했다. 이 활동을 위해서는 물체의 위치를 시차에 의한 방법으로 찾는 것과 광선 추적을 통해 찾는 방법을 먼저 간략하게 알려 주는 것이 필요하겠다. 그리고 활동지 문항도 광선 추적 방법으로 찾은 상의 위치에 못을 세워 두고(못 2) 볼 때, 여러 가지 질문을 하는 것이 필요하겠다. 예를 들면 다음과 같은 질문들을 넣어 실험 결과의 의미를 더 정확하게 파악하도록 하면 좋겠다.

넷째, 학생들의 의견을 수렴하여 개발과정에 반영한다. 직접 과학영재 교육을 받는 학생들이 수업시간에 보이는 반응과 수업 후 평가 문항을 통한 학생들의 의견, 인터넷 게시판에 쓰는 수업 소감문으로부터 학생들이 좋아하는 것과 싫어하는 것, 바라는 것과 바라지 않는 것 등의 선호도와 더 알고 싶은 내용, 궁금한 점 등 학생들의 지적 욕구를 파악하여 사용했던 교육자료를 개선하고 발전시킬 수 있다.

학생들의 교재 평가 문항

'빛의 반사, 굴절에 의한 상' 수업에 대한 의견 조사 : 알맞은 것에 동그라미 하시오.
1. 수업 내용이 관심을 끄는 것이어서 흥미로웠는가?   상   중   하
2. 수업 진행 방법은 흥미를 끌기에 적합하였는가?   상   중   하
3. 수업 중에 새롭게 배운 내용이 있어서 유익했는가?   상   중   하
4. 수업 내용의 난이도는 적당했는가?   적당함 어려움 쉬움

수업 소감문 작성 게시판

수업:음향학 특강 〈글:0/12〉〈방문:1/49〉			수업:홀런왕의 비밀 〈글:0/13〉〈방문:1/50〉		
12 ▶ 팔월에는 일등이닷 〉ㅁ&.,	박영수	08/02	13 ▶ 팔월에는 일등이닷 〉ㅁ&.,	박영수	08/02
11 ▶ 음향학 특강	김찬	07/29	12 ▶ 홀런왕의 비밀	김찬	07/29
10 ▶ 음.특.	강원기	07/28	11 ▶ 홀.비.	강원기	07/28
9 ▶ 소감	김명섭	07/28	10 ▶ 무제..(딱히 제목할것이..)	김명섭	07/28

> **학생이 인터넷에 올린 수업 소감문**
>
> 여태까지 해온 실험 중 가장 재미있는 실험 수업이 아니었나 싶다.
> 가장 뿌듯했던 것은 내가 발견한 상이 반구의 중앙에서 만난다는 것을 시뮬레이션으로 확인할 수 있었다는 것이다. 나도 그러한 시뮬레이션을 만들고 싶다.
> 어쨌든 많은 것을 얻을 수 있었던 수업이었다.

◇ 교육자료의 개발과 활용

그러나 이러한 좋은 여건을 갖추고 있는 대학 부설 과학영재교육원도 단독으로 과학영재 교육자료를 개발하는 데는 어려움이 있다. 그 중 하나는 자료 개발에 오랜 시간이 걸린다는 것이고, 다른 하나는 모든 분야의 과학영재를 위한 교육자료를 만들기에는 인력이 부족하다는 것이다. 이를 극복하기 위한 가장 좋은 방법은 전국 25개 대학 부설 과학영재교육원이 협력하여, 각 분야별로 나누어 개발하는 것이다.

현재 서울대 과학영재교육원에서는 사용 중인 과학영재 교육자료의 효과와 학생들의 반응에 대한 데이터베이스를 조금씩이나마 축적해 가고 있다. 일시적인 생각과 의견에 그치지 않고 기록으로 남김으로써 과학영재 교육자료의 개선에 반영하고 있다. 또한 과학영재 교육자료에 단순히 학생들을 지도하기 위한 내용뿐 아니라 다른 지도교사도 잘 사용할 수 있도록 사용 방법, 수업 진행 중에 학생들이 어려워하는 부분, 지도하면서 느낀 점 등도 정리하고 있다.

그리고 초기 단계이긴 하지만 뜻이 있는 과학영재교육원들이 협력하여 각 과학영재교육원의 교육자료들을 하나씩 모아 공유하고 있으며, 장점은 살리고 단점은 보완하기 위한 방법을 연구하고 있다. 아직은 과학영재교육원들 사이의 교류가 부족하고, 협력할 수 있는 여건이 부족하여 연구 진척이 더디긴 하지만, 조금씩이라도 꾸준히 연구를 이어 나간다면 더 좋은 과학영재 교육자료를 만들 수 있다는 것만은 확실하다.

과학영재 교육에 참여하고 있는 많은 사람들의 노력으로 결실을 맺은 과학영재 교육자료를 과학영재 선발시험을 통과한 학생들에게만 제공한다는 것은 너무나 아까운 일이다. 교육 기회의 평등이라는 관점뿐 아니라 과학영재 교육의 효과를 극대화한다는 측면에서라도 지금까지 과학영재 교육을 접해 보지 못했던 학생들도 쉽게 교육자료에 접근할 수 있는 기회를 인터넷을 이용하여 제공해야 한다. 이것은 숨어 있는 과학영재들에게 도움을 주려는 뜻도 있지만, 전국의 일반 학생들의 기본적인 과학적 소양을 함양할 수 있다는 장점도 있다.

과학영재 교육을 실시한 목적은 우리나라 과학을 이끌어 갈 특별한 과학인재들을 발굴하고 양성하기 위해서이다. 하지만 수년간 과학영재교육원 운영을 통해 느낀 점은 지금까지 말한 바와 같이 과학영재 교육이 과학을 대중화하고, 학교 현장의 과학교육을 활성화하는 데 아주 중요하면서도 효과적인 역할을 할 수 있다는 것이다. 앞으로 모든 과학영재교육원이 협력하여 좋은 과학영재 교육자료를 많이 만들어 서로 공유하고 인터넷을 통해 배포한다면, 우리나라의 과학영재 교육뿐 아니라 학교 과학교육이 발전하는 데도 기여할 수 있다. 이 점에 대학 부설 과학영재교육원은 매우 소중한 역할을 할 수 있을 것이다.

chapter 5
과학영재는
우리의 미래

미래 사회의 핵심, 과학영재를 키우다

박찬웅 (경원대학교 과학영재교육원장)

우리나라는 2000년 영재교육진흥법이 제정된 이후 국가적 차원에서 영재교육을 활성화시키고자 노력해 왔으며 2007년 제2차 '과학영재 발굴·육성 종합계획'을 통해 국가 과학영재의 조기 발굴과 체계적 교육 방안을 내놓았다.

이러한 모든 정책은 소리 없이 치러질 미래 사회의 치열한 국가 경쟁 속에서 과학기술이 경쟁력 있는 도구가 될 것임을 나타내는 것이다. 특히나 부존자원이 부족한 우리나라의 현실에서 볼 때 과학영재를 성공적으로 키워 내는 것은 국가적으로 앞장서야 할 과업일 수밖에 없다.

그러나 내가 지난 4년간 과학영재교육원을 운영하고 과학영재의 발굴과 교육 현장에서 학생들과 함께 호흡하며 느낀 바는 과학영재 육성에 관한 관점의 전환이 필요하다는 것이다. 과학영재를 국가 자원으로서 전략적으로 보는 시각에서 벗어나 개인의 자아실현과 잠재력 개발을 우선해야 하고, 이를 위해 과학영재의 지·덕·체를 골고루 발달시킬 수 있는 프로그램을 제공해 주어야 한다.

이러한 과정을 통해 우리나라의 과학영재들은 미래 사회의 구성원으로서 필요한 자질을 갖추게 되고 진정한 글로벌 리더로 성장할 수 있을 것이다.

◇ 지·덕·체 개발 프로그램

과학영재들이 갖추어야 할 지·덕·체 개발 프로그램은 영재들이 갖고 있는 특성을 고려하여 개발되었으며, 이러한 프로그램은 적용되는 과정에서 융통성을 갖는다.

지를 키우는 프로그램

먼저 과학영재의 지적 능력을 발달시키기 위해 제공된 프로그램의 방향과 적용된 프로그램의 예를 살펴보자.

첫째, 과학영재의 가장 큰 특징은 지적 능력이 우수하다는 것이다. 지적 능력은 학업적인 성공과 가장 직접적으로 관련된다. 그러므로 과학영재를 위한 프로그램은 지적 호기심을 불러일으켜

chapter 5
과학영재는 우리의 미래

야 하고, 지적 능력을 발달시킬 수 있어야 한다.

2007년 중등 응용물리 과정에 도입된 '교통사고 분석 프로그램'과 '자동차 과학', '가전제품 속 과학'을 예로 살펴보기로 하자. 교통사고 분석 프로그램은 교통사고 발생 후 사진 자료와 진술 내용을 바탕으로 가해자와 피해자의 물리적인 요인 분석을 통해 사실 여부를 판단하여 법적 증거자료의 채택 여부까지 판단해 보는 학습이다.

자동차 과학에서는 가솔린, 디젤, 하이브리드, 연료전지 자동차 등의 열기관 효율에 대해 분석해 볼 수 있으며, 변속기의 구조, 자동차에 수반되는 여러 전자기기의 원리를 학습할 수 있다.

그리고 우리 가정에서 사용되는 전자제품의 원리에 대해 알 수 있는 가전제품 속 과학은 TV 브라운관이 빛의 혼합을 통해 총천연색을 구현하는 원리와 눈이 색을 인식하는 과정에 대해 알아본다. 또한 TV 브라운관 화면을 구성하는 전자총의 작동 방식을 조사하여, 전하의 전기장과 자기장에 관련된 운동에 대해서도 살펴본다.

적외선을 방출하는 리모컨의 디지털(digital) 신호를 검출하기 위해 학생들이 직접 측정 회로를 꾸미고, 오실로스코프 등을 통하여 신호 분석까지도 하게 된다. 이외에도 전자레인지, 냉장고 등에 숨어 있는 과학적 원리를 탐구할 수 있다.

둘째, 과학자로서 성공하기 위해서는 수학적인 능력과 자연계에 대한 호기심, 과학적 탐구 자세를 갖추어야 한다. 따라서 과학적 사고력을 발달시킬 수 있는 프로그램이 제공이 필요하다.

중등물리 심화과정의 놀이공원 프로그램은 학생들이 직접 놀이공원에 가서 놀이기구를 타고 가속도의 변화량을 측정해서 컴퓨터 데이터 분석을 통해 적분하여 속도와 위치의 정보를 구한다. 또한 놀이기구의 운동에 따라 가속도의 변화를 이론적으로 살펴보고 측정한 데이터와 비교 분석하여, 놀이기구의 유형을 1차원 운동 - 엘리베이터의 가속도 놀이기구 '자이로드롭'의 운동, 2차원 운동 - 바이킹, 3차원 운동 - 롤러코스터 등으로 나누어 분석하고 이론적으로 검증한다.

셋째, 미래 사회를 이끌어 갈 인재에게 요구되는 능력 중 가장 강조되는 것이 바로 창의력이다. 이제 수동적인 학습을 통해 만들어진 모범생이 설 자리는 별로 없다. 문제를 인식하는 날카로운 눈을 키우고 유연한 사고를 통해 새로운 아이디어를 창출해 낼 수 있는 능동적이고 창의적인 능력이 중요하다.

이를 개발하기 위한 일환으로 2007년 여름 캠프에 사이언스 드라마를 도입하였다. 사이언스 드라마는 기본적으로 자유극 형식으로 구성되며, 학생들은 연극의 주제나 소재 등에 대해 브레인스토밍하여 자료를 수집하고 대본을 구상, 필요한 역할을 분석하고 배역을 선정한다.

일정 시간 공연에 필요한 연출이나 무대와 소품을 준비하고 점검한 후 연극을 공연한다. 이때 각 조는 자신들의 공연을 제외한 다른 조의 평가자 역할까지 맡는다. 평가자는 연극의 내용과 연출력, 독창성, 연기력, 협동심 등에 대해 다각적으로 평가하며, 공연팀은 평가를 바탕으로 아쉬운 부분에 대해 반성하고 보완할 수 있는 내용을 생각해 본다.

넷째, 한 학문에 대한 편중성이 전문성으로 받아들여지던 시대는 지났다. 급변하는 미래 사회에서는 학제간의 연구 교류가 더욱 활발히 일어날 것이다. 따라서 과학영재들에게 학제간 통합 교육 프로그램의 제공은 필수가 되었다.

초등과학 심화과정을 위해 개발된 '소리과학'을 그 예로 살펴보면, 본 프로그램에서는 소리의 기본 원리를 물리적으로 탐구해 보고 사람과 동물의 청각기관과 발생기관의 연관성을 알아보며 생태학적 접근을 시도하도록 되어 있다. 이를 통해 학생들은 물리와 생물 과목이 통합된 프로그램을 학습할 수 있었다.

다섯째, 우리는 지금 지구촌 시대를 살아가고 있다. 이제 세계 시장에서 다른 나라와의 경쟁은 피할 수 없는 현실이 되었으며, 지구 온난화, 생태계 파괴, 식량 문제, 우주 개발 등 모든 것이 지구촌의 문제로 대두되어 함께 연구하고 해결해야 할 과제임을 인식해야 한다.

이러한 때 과학영재들이 글로벌 리더로 성장하기 위해서 꼭 필요한 것이 영어교육이다. 이는 단순히 영어로 듣고 말할 수 있는 능력이 아니다. 영어로 자신의 생각을 표현할 수 있는 능력을 갖추는 것이다.

이를 위해 경원대학교 내 국제어학원과 프로그램 교류 관계를 맺고 원어민 강사진의 영어수업을 진행하였다. 레벨 테스트를 통해 수준별 5단계 학급을 구성하여 일반 암기 위주 학원식 수업에서 탈피해 과학영재를 위한 실험 관련 상황 영어, 나아가 과학 분야별 테마가 설정된 영어 프로그램을 진행하였다.

과학 관련 조항을 읽고 토론하기, 실험 동영상을 보면서 과학과 영어의 수준 올리기, 집에서 흔히 구할 수 있는 주방용품으로 실험을 하는 'kitchen science lab'이 진행되었다.

덕을 키우는 프로그램

영재교육의 전면에 서서 학생들과 마주하고 있는 내가 늘 학생과 학부모에게 강조하는 것 중 하나는 과학자의 인격이다. 이는 미래 사회를 이끌어 갈 과학영재가 반드시 갖추어야 할 것으로 앞서 말한 지·덕·체 중 덕에 해당된다.

과학영재 하면 똑똑한 사람이란 인식으로 지적인 부분에만 관심을 갖는 경우가 많다. 그러나 머리만 있고 인성이 갖춰지지 않았을 때 발생할 수 있는 일은 우리의 상상을 초월할 만큼 위험하다. 과학영재들이 사회적 책임의식과 과학자의 윤리의식, 그리고 진정한 리더십을 갖추는 데 도움이 되는 인성 개발 프로그램을 도입하였고, 사회성 발달을 위한 의사전달 능력과 협동심 등을 키워 줄 수 있는 프로그램, 자아 존재감을 발달시킬 수 있는 다양한 인성 개발 프로그램을 시도하였다.

CreativeWe는 여름·겨울 학기별로 한 번씩, 여름 캠프에서 한 번, 총 3회에 걸쳐 진행된다. 본 프로그램은 과학영재의 특징에 맞는 상담 프로그램을 통해 영재교육원생들의 정서적 안정감과 소속감을 키우고, 대인관계에서 발생할 수 있는 문제를 발견하여 상담이 필요한 경우 개인 상담을 통해 문제해결을 도와 바람직한 성장을 도모한다.

특히 영재교육원생들의 발달 시기가 사춘기에 해당되므로 발생할 수 있는 부모와의 갈등, 교우관계에서의 문제, 자아정체성 상실, 주위의 기대와 강요에 의한 압박감, 미래에 대한 불안감을 순화시키는 역할을 할 수 있다.

CreativeWe에서 진행된 실제 프로그램의 내용 중 '가슴 뿌듯한 날!'을 살펴보면 상담 전문가는 학생들에게 프로그램의 목적과 내용을 설명한 후 먼저 적극적인 참여를 약속받는다. 우연히 일이 잘 풀렸을 때의 경험과 스스로 목표를 정해서 노력해 얻은 성취감의 차이를 알아보고 자신의 경험을 이야기해 본다.

이때 앉아 있는 순서대로 진행하면 학생들의 흥미가 떨어질 수 있으므로 투석기를 직접 제작해서 다음 이야기 상대를 선택할 수 있도록 한다. 이러한 프로그램을 통해 참가 학생들은 우연히 이루어진 성공이 아닌 자신의 노력으로 이룬 가슴 뿌듯한 경험을 친구들과 나눔으로써 자신감을 갖게 되고 노력의 중요성을 알게 된다.

영재교육원생이 여름 캠프에서 가장 먼저 만나는 프로그램이 앞서 설명한 CreativeWe이다. 캠프 기간 중 함께 활동하게 될 조원들과 조 구호와 조가를 만들며 소속감과 협동심을 키우고, 자기 소개 프로그램에 참여함으로써 자아 정체감이 발달한다. 약 3시간에 걸쳐 진행되는 여름 캠프 CreativeWe 프로그램의 마지막엔 성격유형 검사 MBTI(중등)와 MMTIC(초등)를 실시해 학생들이 갖고 있는 개별 성격 특성을 알아본다.

이러한 과정에서 학생들은 자신의 정체성을 찾을 수 있으며, 타인과 나의 사고방식이나 행동에서의 차이를 인정하게 된다. 또한 MBTI 성격유형 검사는 2학기 중 학부모를 대상으로도 실시하며, 검사 결과의 이해를 돕기 위해 심리상담 전문가와의 세미나를 개최한다. 이 과정에서 학생과 학부모의 성격 차이로 인해 발생할 수 있는 갈등의 원인을 알아보고 예방할 수 있도록 도움을 준다.

과학논술대회는 영재교육원생들의 독서문화 정착과 과학적 사고력 증진과 같은 지적인 부분에서도 그 효과가 기대되지만 본 프로그램이 갖고 있는 가장 큰 의의는 현대 사회에서 이슈로 떠오르고 있는 과학적 사건이나 교육적 관점을 심도 깊게 생각해

봄으로써 학생들의 사회적 책임의식과 과학자의 윤리의식을 고취시키는 데 있다.

대회가 열리기 약 한 달 전에 10종의 도서를 선정하여 학생들에게 공지한 후 대회 당일 주제를 알려 주고, 10개의 주제 중 1개를 학생이 선택하여 논술하는 방식으로 진행된다.

2007년 주제의 예를 살펴보면 리처드 로즈의 《죽음의 향연》을 읽고 미국산 쇠고기 수입에 대한 찬성과 반대의 입장에서 논술하기, A. S. 니일의 《서머힐》을 읽고 평준화 교육과 학습자 중심 교육을 비교하여 논술하기 등이 있었다.

나눔 운동은 국가에서 받은 혜택을 사회에 환원하는 방식으로 영재교육원생들이 사회 일원으로서 책임감을 키우고 타인과의 공존의 의미를 찾기 위한 취지에서 2005년 시작되었다. 나눔의 방식은 현금과 도서 또는 실험 재료 등 물품을 기부하면 된다. 이렇게 모인 기금과 물품은 사회 소외 계층의 과학교육을 위해 사용된다. 현재까지 나눔 프로그램을 통해 모인 기금은 310만 원이고 도서는 249권이며 시청각 자료가 30여 종이다.

KWYST(kyungwon young science tounamant)는 KYST 방식을 도입하여 운영되는 경원대학교 과학영재교육원생들의 과학탐구 토론대회이다. 대회 한 달 전에 분야별로 선정된 문제가 공지되며, 그 후 대회 시작 전까지 초·중등 혼합조와 조교 1인으로 구성된 팀이 문제해결 및 토론을 준비한다.

대회 진행은 4개의 팀이 한 강의실에서 발표·반론·평론·관찰자의 역할을 돌아가며 맡아 심사위원으로부터 높은 점수를 획득해야 하는 토너먼트식으로, 예선전과 결승전을 치른다. 이러한 과정 중에 학생들은 정보수집 능력을 발달시킬 수 있고, 문제해결을 통한 과학탐구 능력과 창의적 문제해결 능력 향상을 기대할 수 있다.

그리고 많은 토론 과정에서 의사소통 능력을 키울 수 있다. KWYST의 모든 활동은 조별로 이루어지기 때문에 조원들 사이의 협동심은 물론이고 책임감과 리더십이 향상되는 효과도 나타난다.

다음은 제2회 KWYST 중 학생들에게 제시된 일부 문제이다.

문제 3. 인간이 느끼는 빛의 삼원색은 빨강, 녹색, 파랑이다. 화가의 삼원색은 빨강, 노랑, 파랑이다. 인쇄업자의 삼원색은 magenta, yellow, cyan이다. 이들은 모두 원 위에 표현될 수 있다. 반면 빛은 전자기파로 이의 성질은 파동의 길이라서, 일차원 선 위에 표현할 수 있다. 이들 삼원색의 근원과 원리는 무엇인가?

문제 4. 수도꼭지를 살 짝 틀면 물이 조금씩 연속적으로 흘러내리다가 어느 지점부터는 방울져서 떨어진다. 물의 유량, 속도와 방울져서 떨어져 나오는 위치의 관계를 설명하라.

체를 키우는 프로그램

과거 영재에 대한 오해 중 하나가 영재는 큰 잠자리안경을 쓰고 친구들과 잘 어울리지 못하며 기본적으로 허약하여 신체활동에 능숙하지 못하다는 것이었다.

그러나 최근의 연구 결과에 따르면 영재들은 신체활동보다 지적 활동을 선호할 뿐 일반 학생들과 신체 발달에서의 차이는 없는 것으로 나타났다. 그러나 지적인 능력 발달이 특히 강화되어 있는 영재교육원생들에게도 청소년기의 신체 발달은 그 어느 시기보다 중요하게 생각해야 할 부분이다.

이에 야외 활동이 많은 여름 캠프 기간에는 아침 체조를 비롯하여 피구 대회와 줄다리기 경기를 실시하고, 레크리에이션을 통한 다양한 신체활동이 제공된다. 그리고 심화과정 캠프에서는 사이언스 드라마를 통해 과학에 관련된 연극 공연을 하면서 자연스럽게 신체활동에 참여하게 하였다.

다음에 소개할 프로그램은 설문조사 결과 여름 캠프에서 학생들에게 가장 많은 신체활동을 요구하면서도 즐거운 프로그램으로 인정받은 리더십 게임이다.

리더십 게임은 9~10개의 코스로 구성되며, 각 코스는 과학상식이나 협동심을 이용해서 풀 수 있는 도전과제가 주어진다. 각 조의 학생들은 한 코스에서 약 10분간 머물며 문제를 해결하고 50m 정도 떨어져 있는 다음 코스까지 이동한다. 총 3시간 동안 진행되는 프로그램 과정에서 체력적으로 부담을 느끼는 학생도 간혹 있으나, 대부분의 학생들은 이러한 신체활동을 즐겁게 받아들였다. 실제 학생들이 참여했던 리더십 게임 제2코스를 소개하겠다.

지름이 3m인 원의 둘레에서 원 안 놓여 있는 10개의 테니스공과 중심에 있는 1개의 배구공을 주어진 시간에 얼마나 많이 꺼낼 수 있는지 겨루는 프로그램이다. 대부분의 공은 혼자서 손을 뻗을 경우 닿지 않는 위치에 놓여 있기 때문에 조원들간의 협동심이 중요하다. 처음 몇 분간 혼자서 손을 뻗어 실패를 경험한 학생들은 서로 손을 맞잡고 몸을 의지해야 더 많은 공을 꺼낼 수 있다는 것을 깨닫게 된다.

리더십 게임 제7코스는 구멍이 여러 개 뚫린 양동이에 주어진 시간 안에 많은 물을 채우는 경기이다. 물을 받을 수 있는 곳과 양동이의 거리가 5m 정도 떨어져 있기 때문에 조원들은 10분 동안 쉴 새 없이 물을 받아 날라야만 점수를 얻을 수 있다.

나는 지난 4년간 과학영재 교육의 현장에서 많은 학생들을 만나 왔고, 앞으로 더 많은 학생들을 만날 것을 기대하고 있다. 그리고 그들이 정말 배우고 싶어하는 프로그램이 무엇이고, 앞으로의 성장에 꼭 필요한 것은 무엇인지 끊임없이 연구하고 개발할 것이다.

chapter 5
과학영재는
우리의 미래

물론 그러한 시도는 한 사람만의 노력으로 이루어질 수 있는 일이 아니고, 모든 학생에게 적합할 것이라고 생각하지도 않는다. 하지만 많은 이들의 거듭되는 노력 속에 앞으로 다가올 미래의 핵심, 과학영재가 그 꽃을 피울 수 있으리라 기대해 본다.

영재교육이 국가 사회 경쟁력과 발전에 필요한 이유

문성배 (부산대학교 과학영재교육원장)

우수한 인적 자원만이 국가의 발전과 번영의 원동력이므로 영재교육은 국가의 미래를 위한 투자 대상이다. 영재들에게 적절한 유형의 영재교육 프로그램과 학습 경험을 제공하여 과학, 예술, 정치 등의 모든 분야에서 지대한 공헌을 할 차세대 지도자를 육성해 내는 것은 인간의 문명사에 획기적인 발전을 도모할 뿐만 아니라 삶의 질을 한층 고양시킬 수 있을 것이다.

이와 같이 영재교육을 통해 창의적이고 생산적인 두뇌를 지닌 인적 자원을 개발하면 국가 경쟁력도 그만큼 높아진다. 다시 말하면 국가의 문화·예술 발전, 경제 발전, 과학 발전, 의·약학 발전, 첨단 산업 분야의 발전 등은 전적으로 영재들의 조기 발굴, 조기 교육, 조기 양성에 달려 있다.

◆ 21세기 국가 발전의 핵심 역량 – 사람과 지식

　21세기 지식기반 사회에서 국가의 경쟁력은 그 나라가 보유한 인적 자원의 수준에 달려 있다. 지식을 창의적으로 습득하고 활용할 수 있는 유능한 인적 자원을 얼마나 효율적으로 개발하고 활용하느냐에 따라 우리의 미래가 결정될 것이다. '사람과 지식', 즉 인적 자원을 21세기 국가 발전의 핵심 역량으로 규정하고, 이를 국가 차원에서 종합적으로 개발하고 활용하여 성공적인 시행을 이룰 경우 우리나라는 21세기를 선도하는 인적 자원 강국, 지식 강국으로 우뚝 설 것이다.

　경쟁력의 원천이 제한된 물적 자원과 육체노동에서 무한한 지식의 힘으로 전환되는 가운데 경제, 사회 전반에 걸쳐 광범위하고 급격한 변화가 진행되고 있다.

　세계의 모든 국가가 이러한 변화의 물결에 적응하기 위해 전력을 다하고 있는 상황이며, 국가 차원의 전략적 대응 노력에 따라 국가 경쟁력 구도가 급속히 재편되고 있다. 그 예로 핀란드, 싱가포르, 아일랜드, 네덜란드와 같이 지식의 창출 및 활용에 성공한 나라의 약진 현상이 두드러지고 있다.

　그동안 우리나라는 후발 산업화에 성공하여 OECD에 가입하는 등 괄목할 만한 성과를 거두었지만 지식기반 사회로의 변화에 대한 문제의식과 체계적 대응 노력은 선진국에 비해 아직 뒤지는 실정이다.

우리나라에선 향후 5년 정도를 선도적 지식 국가로의 이행 가능 여부를 판가름하는 중요한 시기로 판단하고, 이때 개혁을 완성하지 않고 지체할 경우 세계적 변화의 물결을 타지 못하고 뒤처질 우려가 있음을 시사하였다. 이와 같은 지식기반 사회로의 진입은 국가 발전의 중대한 기회로 작용함을 강조하였다.

◇ 국가 인적 자원의 강화 - 교육 경쟁력의 강화, 영재교육

한국이 21세기 일류 국가로 도약하기 위해서는 국가 인적 자원 역량의 강화가 핵심이라 할 수 있다.

과거 산업화 시대를 이끌었던 양적 성장 모형은 오늘날 유효성이 현저히 감소하고 있으며, 물적 자원과 노동력 축적을 통한 정부 주도의 발전 모형도 그 한계를 드러내고 있다.

이와 같은 과제를 해결하기 위해서는 인적 자원 개발이 선결 조건이 되고 있다. 인적 자원 개발을 통해 국가 경쟁력을 지속적으로 제고하고 사회적 통합을 이루는 것이야말로 앞으로 우리 사회가 이루어야 할 큰 과업이다.

이처럼 우수한 인적 자원을 개발하기 위해 세계 각국은 창의적이고 특별한 재능을 갖춘 우수 인재를 조기에 발굴·육성하는 영재교육에 정책 역량을 결집하여 교육 경쟁력을 강화하고 있다. 미국은 1932년부터 영재교육을 시작하여 상위 1~15% 학생을 대상으로 영재학교·영재학급 등을 통해 다양한 형태의 영재교육 프로그램을 제공하고 있으며, 영국(5%), 이스라엘(3%), 싱가포르, 호주, 대만(1%)에서도 영재교육을 활성화하고 있다.

현재 우리나라는 2002년 시행된 영재교육진흥법에 따라 공교육 차원에서 국가 고급 인적 자원의 육성 및 영재교육의 기회 확대와 활성화를 도모하기 위해 관련 부처가 공동으로 영재교육진흥종합 계획을 수립·추진하여 영재교육에 박차를 가하고 있다.

이러한 국가적 노력은 과학영재 육성 프로그램을 통해 우수 인재가 미래 과학기술자로서의 꿈과 비전을 실현하는 구심체로 정착할 수 있도록 한다.

이를 위해서는 첫째, 과학영재 교육 프로그램 간 상호 연계성을 강화하고 졸업 후 사회진출까지 과학영재에 대한 평생 추적 관리 체계를 구축하여 지속적으로 제도를 보완·발전시켜 나가야 한다.

둘째, 다양한 과학영재 프로그램이 사업별로 특성과 차별성을 가질 수 있도록 내실화를 다지고, 실질적인 성과관리 체계를 강화하여 과학영재 교육의 질적 고도화를 추진해야 한다.

셋째, 과학영재 교육의 싱크탱크 역할을 담당하는 총괄기구를 육성하여 영재교육에 대한 지식·정보 축적, 교육 프로그램 개발, 국내외 동향 조사·분석, 정책 연구 및 제도의 발전 등을 효율적으로 지원해 나가야 한다.

뿐만 아니라 영재교육을 위한 법적·제도적 기반 조성, 영재교육 정착을 위한 지원 시스템 구축 강화, 영재교육 대상자 확대, 과학·수학·정보·발명·예술·문예창작 등 영재교육 대상 영역의 다양화, 공교육 차원의 영재교육 시행을 위한 법령 체제를 완비함과 동시에 영재 교육기관의 특성에 따른 영재교육 시행 모델 정립, 영재교육의 기회 제공 확대, 영재교육의 이해를 위한 지속적인 홍보 실시, 영재교육 담당 교원 확보 및 전문성 신장 등을 통해 영재교육의 효율성을 높여야 할 것이다.

◆ 과학 한국, 과학영재는 국가 발전의 원동력

국경과 이념을 초월하는 세계 글로벌 경제에서 창조적 인적 자원의 중요성은 아무리 강조해도 지나치지 않을 것이다. 특히 과학기술 인재 양성은 무한 경쟁 시대에 지속 가능한 경제성장을 선도하고 선진 과학 한국을 구현하는 핵심 요소로 떠오르고 있다.

21세기에 접어들면서 과학기술은 새로운 부가가치를 창출하고 국부를 견인하는 원천으로 떠오르고 있다. 그러나 우리 사회는

Chapter 5 과학영재는 우리의 미래

2000년 이후 청소년의 이공계 기피 현상과 청년 실업률 증가로 어려움을 겪고 있으며, 이를 극복하기 위한 대책 마련에 부심하고 있다.

우리나라는 지난 10여 년 동안 이공계 인력 배출이 꾸준히 증가해 선진국 수준을 크게 상회하고 있으나 질적 경쟁력은 미흡한 실정이다. 또한 이공계 교육과 연구 기반이 취약하고 박사급 우수 인력의 대학 편중(71.3%)으로 산업계의 활용이 저조해 기술 수요에 적절히 대응하지 못하는 약점을 지니고 있다.

현재 우리는 소수의 기발한 아이디어, 발상의 전환, 창조적 파괴가 과학기술과 접목해 놀라운 발견과 가치를 창출하는 고도의 지식기반 사회에 살고 있다.

미국 마이크로소프트사의 빌 게이츠, 일본의 손정의 등은 그 대표적 인물로 꼽을 수 있다. 뿐만 아니라 북유럽의 제1공업국이자 노벨상의 발상지인 스웨덴의 카를린스카 연구소에서 일하며 1982년 노벨 의학상 심사위원장을 지낸 루네 발스탐 교수는 "이 연구소가 많은 노벨상과 세계 정상급 과학자를 배출하고 있는 것은 초등학교 때부터 기초과학이 다져진 영재들을 집결, 정부가 과감히 투자하고 있기 때문"이라고 말하였다.

또한 프랑스 파스퇴르 연구소 소장은 "AIDS 백신을 연구하는 팀이 만약 그 백신을 발명하게 되면 1년치 프랑스 정부 예산에 맞먹는 외화를 벌어들일 수 있으며, 과학자 한 사람이 인구 100만

명을 먹여 살릴 수 있다"고 말함으로써 영재교육의 중요성을 강조하였다.

그리고 문화·예술 방면으로는 스티븐 스필버그가 만든 한 편의 영화 〈쥬라기 공원〉은 자동차 수백만 대를 수출한 것과 맞먹는 외화를 벌어들인 점과 미국의 블리자드(Blizzard)사가 만든 '스타크래프트(starcraft)'라는 게임이 우리나라에서만 200만 장 이상 판매되었고, '프로게이머' 직업이 한때 초등학생의 장래 희망 1순위에 오를 만큼 사회적으로도 큰 영향을 끼쳤다.

이스라엘 같은 국가는 국토 면적이 한국의 1/5에 불과하며 인구도 1/8밖에 되지 않는다. 부존자원 또한 부족하다. 하지만 이스라엘은 국가의 생존과 국민의 복지를 위해 영재교육을 국가의 최우선 과제로 두고 영재아 개발을 위한 특수 프로그램을 실시하는 등 많은 노력을 기울여 지금은 과학기술 분야에서 선진국의 위치에 있다.

우리나라에서도 효과적인 사례를 들 수 있다. 전주 정보영상진흥원 내 멀티미디어센터 사업은 IT 및 CT 분야에 비범한 재능을 가진 학생을 조기 또는 적기에 선발하여 소프트웨어 교육을 실시하면서 전주를 명실상부한 IT, CT 산업도시로 확립할 수 있는 계기를 마련하였다. 또한 아날로그 문화유산을 디지털 기술과 결합시켜 경쟁력 있는 문화 콘텐츠로 육성할 수 있게 되었고, 멀티미디어센터 사업을 통해서 각 분야별로 영재아들을 교육시킬 수 있는 전문 인력을 양성하여 단순한 기술 전수가 아닌 영재 인력 양성이 자연스럽게 자리 잡은 도시로 탈바꿈할 수 있는 여지를 갖게 되었다.

이러한 사실로 볼 때 국가의 경쟁력이 영토나 자원에 의존하던 시대는 이미 지났으며, 새로운 지식과 기술을 발명해 낼 수 있는 뛰어난 재능을 가진 영재들이 국운을 좌우하는 두뇌 전쟁의 시대가 전개되고 있다는 것을 알려 주고 있다.

세계 각국은 국가별 특성을 반영해 상위 1~15%의 범위 내에서 다양하게 과학영재 교육을 시행하고 있다. 특히 작지만 강한 나라들(싱가포르, 이스라엘, 대만)과 미국, 러시아, 중국 등에서 소수 정예 중심의 과학영재 교육을 활발하게 지원하고 있다.

우리나라도 라이프사이클(life-cycle)의 어느 단계에서 영재가 발현하더라도 그 재능과 역량에 맞는 교육 프로그램을 통해 영재성을 최대한 개발할 수 있도록 과학영재 육성 시스템을 마련하여 적극 지원하고 있다.

따라서 창조력과 잠재력이 매우 뛰어난 영재를 조기에 발굴해 체계적으로 육성·지원하는 전주기적 과학영재 관리 체계를 구축하고, 영재 프로그램 간 연계성을 높여 성장단계별 과학영재 교육 프로그램을 내실 있게 운영하는 것이야말로 국가의 미래에 대한 확실한 투자이며, 국가 발전의 원동력이 될 수 있음을 인식해야 할 때이다.

마지막으로, 지식기반 경제로의 이행 가속화와 더불어 급진전되고 있는 세계화의 조류 속에서 각국은 보다 우월한 위치를 선점하기 위해 인적 자원 개발에 더욱 박차를 가하고 있는 이즈음, 정부가 의욕적으로 추진하는 과학영재 교육은 미래를 대비하는 투자 개념으로서 국가 장래에 기여할 잠재적 가능성을 먼저 고려한 결과이다.

그러나 과학영재 교육은 정부의 지원 혜택이 있는 만큼 영재교육의 수혜권에 들기 위해 과다한 사교육비 지출 가능성, 수혜 계층과 그렇지 못한 계층 간의 위화감 조성 등의 갈등적 요인이 있음을 간과해서는 안 될 것이며, 과학영재 교육의 필요성에 따르는 긍정적인 효과를 보는 혜안이 필요하다고 본다.

이를 위해서 과학영재 교육에 대한 인식 제고 및 기반 확충을 위해 대국민 홍보활동을 강화하고, 학부모 등 이해관계자를 대상으로 과학영재 교육에 대한 올바른 인식과 이해를 확산시켜 나갈 계획도 필요할 것이다. 이렇게 함으로써 대다수 국민들에게 과학영재 교육에 대한 균형적 시각을 갖게 하고, 더 나아가 과학영재 교육이 한국의 장래에 크게 기여하는 희망 프로그램으로 정착되도록 노력해야 할 것이다. 이것이 바로 선진 한국을 이끌어 갈 창조적 인재 강국의 실현과 21세기를 대비하는 바람직한 자세이다.

창조적 인재 양성과 국가 경쟁력 강화

김경남(안동대학교 과학영재교육원 교수)

2000년 1월 공포된 영재교육진흥법을 근거로 하여 살펴보면 우리나라에서는 '영재란 재능이 뛰어난 사람으로 타고난 잠재력을 개발하기 위해 특별한 교육을 필요로 하는 사람'이라고 정의한다.

영재교육의 목표는 탁월한 잠재적 능력을 지닌 영재의 창의적 생산력과 도덕성, 자기 주도적인 학습 태도를 함양하고, 이를 통하여 자아를 실현하며, 나아가 국가 사회 발전에 기여할 수 있는 인재를 육성하기 위한 것이다.

2002년 3월부터 초·중·고등학교에서 영재교육 대상자로 선발된 학생들에게 전국적으로 영재교육을 실시하고 있다.

◇ 세계 각국의 영재교육

세계 각국은 국가별 특성을 반영해 상위 1~15%의 범위 내에서 다양하게 과학영재 교육을 시행하고 있다. 미국, 싱가포르, 이스라엘, 중국, 러시아, 호주 등 여러 나라에서 영재교육의 중요성을 인식하고 오래전부터 실시하고 있으며, 그동안 영재교육에 관심을 기울이지 않았던 영국, 프랑스, 독일, 일본과 같은 나라에서도 최근에 영재교육에 관심을 기울이기 시작했다. 인구 550만 명에 천연자원이 없는 척박한 모래땅 이스라엘이 첨단 하이테크 산업을 발전시키며 아랍 국가들과 대적해 버티는 것도 1970년대부터 영재교육의 필요성을 느껴 교육부 안에 영재교육과를 설치하고 본격적인 영재교육에 나섰기 때문이다.

러시아, 중국, 헝가리, 폴란드 등 개인 차를 인정하지 않던 나라들도 이념적인 모순을 아랑곳하지 않고 1950년대부터 영재의 조기 발굴에 관심을 갖고 노력해 왔으며, 최근에는 창의성 개발에 박차를 가하기 위해 영재 발굴에 노력하고, 이런 재능을 개발하기 위해서 체계적인 교육을 제공하고 있다.

1957년 인류 최초의 인공위성 스푸트니크 발사, 오늘날의 무인 스페이스 셔틀 운행의 눈부신 성과 등 기초과학·공학·우주항공 분야에서 세계 정상을 차지하는 러시아가 영재교육 육성의 대표적인 국가이다. 러시아에서는 영재 교육기관이 아닌 일반계 고

chapter 5
과학영재는
우리의 미래

등학교에서도 수학, 물리, 외국어, 예능 등의 분야에 특기를 가진 학생을 위한 별도 과정을 편성하고 있다.

"왜 이렇게 세계 여러 나라에서 영재교육에 관심을 갖는 것일까요?", 즉 "영재교육은 왜 필요한가요?"라는 질문을 할 수 있다.

영재교육의 필요성은 크게 두 가지로 나누어 볼 수 있는데, 개인적인 측면과 사회적·국가적인 측면이다. 개인적 측면에서 살펴보면 영재도 다른 모든 아이들처럼 자기에게 맞는 교육을 받아 자신의 잠재력을 최대한으로 개발할 권리가 있다는 점이다.

영재는 일반 아동에 비해 능력, 재능, 흥미, 심리적으로 매우 다르다. 현재의 규격화되고 획일화된 교육 상황에서는 영재가 피해를 많이 보고 있다. 겉으로 드러나지 않을 따름이지 타고난 지적 능력이 있으면서도 그 능력을 발휘하기보다는 도리어 학습 문제아로 낙인찍히는 아이들도 종종 있다. 또한 일반 학교에 입학함과 동시에 아주 쉽사리 자기의 재능을 숨기고 현실의 상황에 적응하며 살아가는 영재들도 있다.

현 시점에서 우리는 영재들이 일반 아동과 여러 면에서 다르다는 것을 이해하고, 나아가 이를 인정함으로써 영재교육의 필요성까지 인정해야 한다. 장애가 있는 특수아뿐 아니라, 능력이 뛰어나서 특별한 영재아들도 그들의 특성에 적절한 교육을 받을 권리가 있다.

사회적·국가적 측면에서는 국가 발전에 필요한 고급 인력을 양성함으로써 사회와 국가의 첨단 산업 발전에 부응하기 위해서도 영재교육이 필요하다.

미국 연방 교육부 영재교육법에 의하면 영재는 국가의 장래, 안보 및 복지에 절대적으로 필요한 국가의 인적 자원이며, 그들의 특수한 능력을 초·중등학교 시기에 개발하지 못하면 국익에 기여할 수 있는 영재의 특별한 잠재력은 사장될 가능성이 높다고 명시되어 있다. 이처럼 영재는 국가의 장래, 안보, 문화, 복지의 발전을 위해서 필요 불가결한 인적 자원이다.

영재교육의 필요성은 한 개인의 잠재력을 개발하는 데 그치지 않고, 사회·국가의 주요 자원이라는 점을 인식하지 않을 수 없다. 이제 더 이상의 이데올로기 전쟁은 존재하지 않는다. 벌써 두뇌의 전쟁이 시작되었다. 두뇌 전쟁이란 곧 아이디어의 전쟁이다. 특히 과학과 기술, 인문, 사회 각 분야에서 새로운 아이디어를 창출해 내는 능력만이 글로벌 시대의 높은 과학 장벽, 기술 장벽을 뛰어넘을 수 있다.

세계 여러 나라들은 고급 두뇌 자원의 개발만이 자국의 살 길임을 인식하고 각종 영재교육 방법을 동원하여 영재들이 최대한 잠재력을 개발할 수 있도록 다양한 기회를 제공하고 있다.

과거의 토지, 기술, 천연자원이 기반이 되어 발달해 온 농업사회와 산업사회를 거쳐서 이제는 지식이 가장 중요한 생산 요소로 구성되어 있는 지식기반 사회로 접어들었다. 이 사회의 변화는

다수의 범재(凡才)가 아닌 소수의 영재(英才)에 의해 이루어지고 있다. 예를 들어 마이크로소프트사를 창업한 빌 게이츠를 보면 똑똑한 과학영재 한 명의 영향력이 얼마나 큰지 실감하지 않을 수 없다.

또한 몇 해 전 삼성전자 윤종용 부회장이 교육인적자원부 직원들을 대상으로 한 특강에서 소수의 영재가 국가를 먹여 살린다고 한 것처럼, 탁월한 인재 한 명이 천 명, 만 명을 먹여 살린다는 말이 화두가 된 것은 국가 및 기업 경쟁력을 위해 현 시대가 초엘리트를 절실히 요구하고 있음을 반증하는 것임과 동시에 영재교육의 필요성과 중요성을 인식시키는 것이다.

특히 21세기에 접어들면서 과학기술은 새로운 부가가치를 창출하고 국가의 부를 견인하는 원천으로 떠오르고 있다. 또한 부존자원이 부족한 우리나라에서 두뇌는 그 무엇보다도 중요한 자원이 아닐 수 없다.

국경과 이념을 초월하는 세계 글로벌 경제에서 창조적 인적 자원의 중요성은 아무리 강조해도 지나치지 않다. 우리는 소수의 기발한 아이디어, 발상의 전환, 창조적 파괴가 과학기술과 접목해 놀라운 발견과 가치를 창출하는 고도의 지식기반 사회에 살고 있다.

미국 남캘리포니아의 바이오 벤처기업 '암젠'은 빈혈 치료제와 항암 보조제, 이 두 가지의 신약 개발로 2001년 무려 11억 달러에 달하는 순이익을 창출했다. 이 회사의 주식 시가총액은 80조 원으로 국내 최고 기업 삼성전자의 55조 원을 훨씬 능가하고 있다. 또한 컴퓨터 운영체제를 개발한 마이크로소프트사도 대표적인 사례로 손꼽을 수 있다.

이제 과학기술 인재 양성은 무한경쟁 시대에 경제성장을 선도하고 선진 과학 한국을 구현하는 핵심 요소로 떠오르고 있다.

21세기는 과학기술을 중심으로 하는 지식기반 사회이다. 과학적 재능이 뛰어난 인재들의 활약이 우리 사회 발전의 원동력이 되는 시대라는 뜻이다.

오늘날 우리는 공존공영(共存共榮), 대등경쟁(對等競爭), 약육강식(弱肉强食)의 논리가 지배하는 냉엄한 무한경쟁의 국제질서 속에서 살아가고 있다. 이런 냉엄한 국제사회에서 국가의 생존과 번영을 위해서는 경쟁에서 살아남아야 한다.

지식기반 사회에서 국가 경쟁력을 이끌어 갈 요소는 첨단 기술, 디자인, 마케팅 능력, 소프트웨어 개발능력 등이라 하겠다. 그래서 이런 요소를 개발할 수 있는 우수한 인재를 갖는 것이 곧 국가 경쟁력이다. 이런 인재들은 어디서 오는 것일까? 해답은 잠재해 있는 뛰어난 재능을 가진 인재를 발굴하는 것이다.

인재를 발굴하기 위해서는 영재교육을 활성화해야 한다. 국가 경제발전의 원동력이며 국가 미래의 자산이고 국가 생존 능력을 대변할 뿐 아니라 국가간 경쟁과 교류의 절대적 담보물인 과학기술의 발전은 오직 철저하고 효율성 있는 영재교육의 성패에 달려 있다.

영재는 하루아침에 양산될 수 없으며, 체계적인 방법을 장기적으로 적용할 때만 가능하다. 한 사람의 올림픽 금메달리스트가 나오기 위해서는 금메달을 목표로 노력하는 선수가 10만 명 이상 있어야 한다고 한다. 마찬가지로 한 사람의 창의적인 전문가가 나오기 위해서는 그 분야에서 창의적인 전문가가 되고자 노력하는 사람이 10만 명 이상 있어야 한다.

◆ 국가적 차원의 행정·재정 지원 필요

1970년대 우리나라는 교육의 평준화에 눈을 돌렸고, 1980년대에 접어들면서 영재교육에 눈을 돌렸지만 지금도 평준화의 교육의식이 강하게 자리 잡고 있다. 즉 우리 국민의 잠재의식 속에는 평등의식이 강하게 작용하고 있다.

시장경제와 경쟁사회를 지향해야 한다는 대원칙에는 동의하면서도 우수한 인재들에게 그들의 능력에 맞는 '득별한 교육'을 실시하는 것에 대해선 내가 아니고 내 자녀가 아니기 때문에 선뜻 찬성하지 않고 반대하는 입장으로, 모두가 똑같은 교육을 받아야 한다는 분위기가 팽배해 있다. 그래서 소수의 영재를 위한 교육이 활성화되기는 어렵다. 그러나 '기회의 균등'과 '능력의 평등'이 혼동되어서는 안 될 것이다.

우리나라는 지난 10여 년 동안 이공계 인력 배출에 노력하였으며, 이제 꾸준히 증가해 선진국 수준을 크게 상회하고 있으나 아직 질적 경쟁력은 미흡한 실정이다. 이에 상상력과 창의력이 넘치는 인재를 발굴하여 그들의 능력을 키워 무한경쟁 시대에 한국의 경쟁력을 세계 정상으로 끌어올려 번영의 시대를 열고 승자로 남을 수 있도록 노력해야겠다.

과학에 남다른 재능을 지닌 학생들을 일찍부터 발굴해서 적절하게 교육시키는 일은 우리 모두의 막중한 사회적 책임이다. 현재 우리나라의 가장 큰 문제인 학벌 중시 풍조와 이에 따른 입시 중심 교육 때문에 귤나무를 심어도 탱자가 열리는 안타까운 상황을 연출하고 있다. 즉 우리나라 영재들은 대학 진학을 위해 창의성 교육을 멈추고 수능 준비를 해야 한다는 것이다.

이에 국가적 차원에서 과학영재 교육을 위한 행정 및 재정적 지원의 효율적 배분을 위해 노력해야 할 것이며, 대학들도 다양한 방법으로 창의적인 인재를 선발한다면 우리나라의 영재교육도 올바른 방향으로 자리 잡을 수 있고 입시는 입시대로 정상화될 수 있을 것이다.

재정적 지원 측면에서 보면 이스라엘의 경우 국민총생산액 중 교육비 비중이 10% 수준이나 우리의 경우 5%에도 못 미치고 있다. 또한 창조적 과학영재가 필요한 대기업들도 영재교육에 깊은 관심을 갖고 영재육성을 위한 지원을 아끼지 말아야 할 것이다.

뿐만 아니라 과학영재들이 성장한 후에도 안정적으로 마음껏 그들의 기량을 발휘할 수 있는 사회적·교육적 환경을 만들어 주는 일도 소홀히 해서는 안 될 것이다.

안동대학교 과학영재교육원은 경북지역의 초·중등 영재의 발굴을 위해 다양한 교육방법으로 그들의 잠재적 능력과 창의력 개발을 위해 노력해 오고 있다. 2003년 9월 설립하여 현재까지 457명의 영재를 배출하였으며, 2008년 1월 4기를 마치면서 대략 221명의 영재를 더 배출할 예정이다. 2006년에는 한국청소년 과학탐구토론대회에서 대상의 영예를 차지하였고, 80% 이상의 과학고와 특목고 진학률을 보였다.

아직 짧은 역사로 인해 우리나라의 기술혁신에 기여하지는 못했지만 머지않은 시일 내에 이들이 한국의 경쟁력을 세계 정상으로 끌어올려 인류 문명의 진보에 기여하기를 고대한다.

영재교육이 한국 교육에 미친 효과와 과제

한성홍(울산대학교 과학영재교육원장)
박혜원(울산대학교 과학영재교육원 영재교육연구실장)

　21세기는 국가간 교육의 수월성에 의해 국가 경쟁력이 좌우되는 시대이며, 창의적 지식 생산이 무엇보다 강조되는 시기이다. 이처럼 고도의 정보 가치가 요구되는 사회에서 영재교육은 국가 사회의 발전에 기여할 수 있는 창의적인 인간을 육성하는 데 매우 중요한 역할을 담당할 수 있으며, 영재 개인으로 볼 때도 그들의 잠재력을 최대한 발휘하여 자아를 실현한다는 점에서 반드시 필요하다고 할 수 있다(우동화, 2006).
　즉 영재교육은 영재들에게 국가와 인류에 기여할 수 있는 기회를 주고자 하는 것이며, 동시에 평등교육의 차원에서 비록 소수이긴 하지만 영재교육 대상에게 적절한 교육기회를 제공하여 지적·사회적 발달을 도모하고 개인의 성장을 돕는 것이다. 그러나 한국에서는 수월성 교육에 대한 부정적 인식이 높아 고교 평준화가 실시되었으며, 이후 수월성 고취 문제가 야기된 1981년에야 경북 구미고등학교에 영재 특별학급이 개설되는 등 늦은 출발을 하였다.

여기에서는 1970~80년대의 태동기와 1990년대의 중흥기, 그리고 2000년 제정된 영재교육진흥법 이후의 영재교육 정착기 동안 한국 영재교육의 흐름을 살펴보고, 각 시기별로 영재교육이 한국 교육에 미친 영향을 논의하고자 한다. 이를 통해 영재교육이 한국 교육 발전에 기여한 점은 무엇이며, 앞으로 어떠한 과제를 수행해야 하는지 살펴본다.

◆ 한국 영재교육의 시기별 특성

한국 영재교육의 역사는 1970~80년대의 태동기, 1990년대의 중흥기를 거쳐 2000년 영재교육진흥법 제정 이후의 정착기로 구분할 수 있다(이복희, 2003). 1960년대 이후 급속한 경제발전을 위해 과학을 중심으로 하는 인재를 양성할 필요성이 대두되었다. 따라서 1980년대에는 영재교육의 실험과 과학고등학교의 설립이 활발하였다. 1980년 7월 교육개혁 조치가 이루어지면서 영재교육의 중요성이 부각되었고, 종합 영재교육을 위한 방안들이 마련되었다.

이 태동기에 주목할 만한 점은 먼저 영재교육을 시범 실시(1981)하기 위해 일반계 고등학교에 외국어 과정 및 과학 과정을 두고 영재학급 운영을 시작하였다는 것이다. 또한 경기과학고등학교를 개교(1983)하고 한국교육개발원에 영재교육연구실을 설치(1987)하여 영재교육의 기초를 마련하였다. 그러나 이 시기에 시작된 외국어고등학교나 과학고등학교가 본래의 운영 취지와 달리 대학 진학의 수단으로 활용되었고, 무엇보다도 영재교육은 매우 미미하여 활발한 발전을 이루지 못하였으며, 교육 일반에 미치는 영향 또한 크지 않았다.

1990년대 중흥기의 영재교육은 특수목적 고등학교 설립과 속진형 영재교육을 실시(1996)하는 등 보다 적극적인 대상 확대를 위해 노력하였다. 1992년 외국어와 예술고등학교가 특수목적 고등학교로 인가받을 수 있는 제도가 도입되어 일반계와는 독립적인 교육과정으로 운영하였고, 학생 선발 방법도 일반계 고등학교와는 다른 방식으로 운영할 수 있도록 하였다.

그러나 과학고와 외국어고에서 영역별 우수 인재 양성을 하고자 하였으나 이들 학교의 수가 증가하면서 성적 위주 입시교육의 한계를 노출하게 되었다. 그 예로 과학고 16개(총 2,887명), 외국어고 19개(총 1만 8,315명)로 수가 늘어났으나 과학고의 경우 비교내신제 폐지 후 매년 200여 명의 학생이 자퇴하는 등 부작용이 있었다.

또한 1992년 이후 조기 진학 및 조기 졸업 제도를 도입하여 5세 아동의 조기 입학과 일반계 학교의 속진제가 실시되었다. 1990년 대에는 한국영재학회가 창립(1990)되어 체계적인 영재교육의 학문적 기틀을 마련하는 계기가 되었다. 특히 한국교육개발원에 영재교육센터가 지정(1996)되어 국가적 정책의 기틀을 마련하였고, 과학기술부의 지원으로 대학 부설 과학영재교육센터가 지정(1998)되었다.

이러한 중흥기의 노력은 2000년 영재교육진흥법을 제정하는 데 기틀이 되었다. 그러나 과학기술부의 지원에 의한 과학영재교육원이 주도적으로 영재교육을 이끌어 가면서 영재교육은 곧 과학교육이라는 인식이 고정되었고 인문·사회 계열의 영재교육에 대한 무관심이 지속되는 한계를 지니게 되었다.

21세기의 시작은 한국 영재교육의 중요한 전환점인 영재교육진흥법의 공포(2000)로 영재교육의 정착기에 들어섰다. 이러한 진흥법의 시행령(2002)이 발표되면서 국가에서는 일반 교육의 하나로 학교 단위 영재학급 및 교육청 단위 영재교육원을 개설(2002)하였다.

또한 보다 다양한 방법의 교육과 교육 대상의 확대를 위해 영재교육진흥법을 개정(2005)하였고, 이에 따른 시행령도 2006년 개정(한국교육개발원, 2006)되었다. 이 시기의 중요한 사건은 부산에 영재학교(2003)가 설치된 것인데, 이는 명실상부한 전국적 영재

교육기관으로 자리 잡았다.

현재 대부분의 영재교육은 방과후, 주말, 방학 중 비정규 교육 중심으로 이루어지고 있다. 시행령이 발표된 2002년 당시 약 1만 명의 학생이 영재교육 프로그램에 참가하였으나, 지역별·학교급별로 영재교육 접근 기회가 제한적이었다. 하지만 2007년 11월 현재 과학·수학 분야 영재교육 대상자는 초등학생 1만 5,223명(4~6학년), 중학생 1만 4,709명(1~3학년), 고등학생 4,755명(1~3학년)이다.

국가과학기술위원회는 '과학영재 발굴·육성 종합계획안(2008~2012)'을 통해 정부가 교육을 지원하는 과학영재가 2012년에는 한 학년에서 평균 1,000명당 7명꼴로 늘어날 것이라고 발표한 바 있다. 이에 따라 2012년 과학영재 교육 대상자는 학년당 초등학생(4~6학년) 8,100명(1.3% 이하, 해당 학년 전체 수 대비 비율), 중학생 6,300명(1%), 고등학생 이상 2,100명(0.3%)으로 확대될 것이다.

2000년대 이후의 영재교육이 한국 교육 전반에 미친 영향을 살펴보면, 이때에 이르러 영재교육이 매우 소수의 영재를 위한 것이 아니라 특수교육과 마찬가지로 평등교육의 일환으로 실시되는 교육으로 인식되는 계기를 마련했다는 점이다. 정신지체나 뇌성마비 아동을 위한 특수교육과 마찬가지로 일반 교실에서 수업을 받는 것이 적절하지 않은 영재아동에게 그에 맞는 교육을 제공할 기회를 주는 것이 평등교육이라는 인식이 보다 일반화되었다고 볼 수 있다.

따라서 지구촌 시대에 영재교육의 필요성에 대한 사회적 공감대가 형성되었으나 아직도 형평성 논쟁, 입시 위주의 사회 풍토로 활성화되기까지는 시간이 더 필요하다. 한 예로 수준별 이동수업은 학생이 수업을 이해하지 못하거나, 자신의 수준에 못 미쳐 방임되거나, 이를 보충하기 위해 사교육에 의존하는 것을 줄일 수 있는 방안이 될 수 있다.

또한 학생들 스스로 자신의 능력에 맞는 수업을 선택해 들을 수 있는 선택형 중심 교육이 7차 교육과정의 핵심이다. 하지만 반대론자들은 수준별 이동수업이 교과목 점수에 의한 학생의 등급화이고 차별 교육이며 불평등한 교육이라고 주장한다. 그러나 교육 평등의 개념은 능력의 차이나 여건의 차이, 관심이나 적성의 차이를 전제로 이들 차이로 인해 나타난 격차를 해소할 수 있도록 개별화한 교육을 뜻한다. 이미 선진국에서는 물론이고 러시아까지도 다양한 영재교육 프로그램과 함께 수준별 이동수업이 보편화돼 있는 것도 이러한 이유에서이다.

특히 영어나 수학 등 사교육 시장 수요가 많고 수준 차이가 두드러지는 과목 위주로 수준별 이동수업을 실시하겠다는 것이므로 충분히 일리가 있는 방안이고, 학생의 수준과 개인의 특성에 따른 맞춤식 교육을 하려는 배려라고 볼 수 있다. 무엇보다 수준에 맞지 않은 획일적인 교육은 수업에 흥미를 잃게 하고 결국 학생의 잠재 가능성을 훼손해 국가 경쟁력을 약화시키는 데 일조하게 된다.

이 시기의 중요한 기여는 국가의 지원에 의한 과학영재교육원보다 훨씬 많은 대상을 교육하는 영재교육원이 각급 교육청에 개설되어 양적인 확산이 이루어졌다는 점이다. 특히 과학·수학 중심이던 과거와는 달리 언어나 기타 예능 등 인문·사회 계열의 영재에 대한 교육을 확장하게 되어 영재교육의 균형을 찾는 데 기여하였다.

◇ 영재교육이 우리 교육에 미친 효과와 과제

앞에서 한국의 영재교육이 비록 짧은 기간 내에 그 양과 질적인 면에서 눈부신 발전을 보이고 있음을 살펴보았다. 여기서는 영재교육이 단계별로 미친 영향을 종합하여 일반 교육에 미친 영향을 긍정적인 측면, 부정적인 측면, 그리고 앞으로의 과제로 나누어 살펴보겠다.

영재교육이 미친 긍정적인 영향

1) 질적으로 우수한 교육 프로그램의 개발에 기여하였다.

영재교육 프로그램의 내용은 다음과 같은 특성을 지닌다.
- 학생들의 창의력 및 문제해결력 신장을 촉진시킬 수 있는 교육과정을 제공한다.
- 자기 주도적 학습 능력 배양은 중요한 교과과정의 목표이다.
- 교과내 · 교과간의 통합적 접근을 강화할 수 있는 교과과정을 제공한다.
- 전인적 발달을 도모하는 다양한 교수 · 학습 활동을 제공한다.

이러한 교육 내용은 단지 영재만을 위한 교육 내용이라기보다 질 높은 교육을 위해 일반 교육이 지향하는 방향이기도 하다(손옥, 2006). 따라서 소수를 대상으로 하는 영재교육 프로그램은 질 높은 교육 프로그램을 개발하고 실시하는 실험장이 되어 왔으며, 이는 영재교육에 참여하는 일반 교사를 통하여 궁극적으로 일반 교육의 향상에 기여하고 있다.

2) 평등 교육이 균등 교육이라는 획일화된 사고로부터 탈피하는 계기를 마련하였다.

영재교육이 보편화됨에 따라 영재교육이 균등 교육이 아닌 평등 교육으로 인식되는 계기가 되었으며, 또한 획일화된 사고로부터 벗어나 다양한 집단을 인정하고 다양한 교육방법을 수용할 수 있게 되었다. 영재교육진흥법의 제정에 의해 영재교육이 공교육

체계에 들어오면서 공교육 내에서의 개별 교육 가능성이 열렸다. 이에 따라 사교육에 의존하던 개별적인 맞춤교육이 영재교육의 영향으로 방과후 프로그램을 강화하는 등 가시화되고 있다고 볼 수 있다.

3) 영재 판별에서 얻은 정보, 판별 도구의 개발, 영재의 지도 및 상담에 대한 활발한 연구는 일반 학생들의 특성 진단과 개별화 교육에도 기여하였다.

현재 영재교육에서는 판별과 관련하여 다음과 같은 노력이 이루어지고 있다.

- 다양한 영역에서 뛰어난 학생들을 발굴하도록 한다.
- 모든 학생들의 능력을 판별할 수 있는 다양한 인적 자원(교사, 학부모, 동료, 지역사회 인사 등)과 다양한 판별 방법 및 도구를 사용한다.
- 학생의 지적 능력, 창의성, 과제에 대한 흥미나 집착력 등의 다양한 능력 요인을 고루 평가해야 한다.
- 판별자의 편견이나 왜곡된 인식이 영재성의 판별에 미치는 영향을 고려하고 이를 최소화한다.
- 영재성의 영역에 따라 지필고사, 포트폴리오 실기, 오디션, 면접, 합숙 및 수행 행동 관찰 등의 적절한 판별 방법을 사용

한다.
- 영재성의 판별은 계속 이루어지고, 그 결과를 적절히 활용한다. 영재성은 변화할 수 있으므로 주기적인 검사 실시, 교육 프로그램에서의 관찰 등을 통해 지속적으로 영재성을 판별한다.
- 영재 판별에서 얻은 정보는 영재교육 프로그램, 영재 판별 도구의 개발, 영재의 지도 및 상담 등에 지속적으로 활용되어야 한다.

영재교육이 공교육화됨에 따라 이들을 판별하는 도구와 지도 및 상담 기법이 발달하였고, 이러한 발달은 일반 아동이 보다 개별화된 평가와 지도를 받는 데 기여하고 있다.

영재교육이 미친 부정적인 영향

영재교육이 짧은 기간 동안 주로 국가의 정책에 의해 추진되어 오면서 발생한 부정적인 측면도 있다. 그 내용은 다음과 같다.

1) 과학을 중심으로 영재교육이 자리 잡게 됨으로써 인문·사회 계열의 영재교육이 상대적으로 간과되는 현상이 빚어졌다. 앞으로 영재교육 분야는 수학, 과학과 함께 예술, 정보화, 언어 등 각 전문 분야로 다양화될 것으로 기대된다.

2) 현재 대부분의 영재교육이 초등학교 고학년부터 실시되어 영재아동의 잠재력 개발의 시기를 놓치는 경우가 있다. 보다 다양한 시기에 교육을 실시할 수 있는 제도가 마련되어야 하며 이에 따른 프로그램도 개발되어야 한다.

앞으로 영재교육이 지향해야 할 과제

1) 앞으로 교육 대상을 보다 넓힐 필요가 있다. 영재교육 대상이 미국의 경우 1~15%, 이스라엘은 3% 이상임을 감안한다면 현재 1%에도 미치지 못하는 우리의 경우 영재교육 대상의 확대가 필요하다.

2) 영재성 발굴보다 엄격한 선발을 강조함에 따라 잠재적 영재에 대한 관심이 소홀하였다. 앞으로 영재성 개발 중심으로 영재교육이 전개되어야 하며, 이를 위해 우선적으로 재교육 대상자는 창의성 및 잠재력 개발에 중점을 두고 선발해야 한다. 즉 지적 능력, 창의적 사고능력, 특수학문 적성, 예술 등에서 성취도나 잠재력이 뛰어나 정규 교육과정과는 다른 특별한 교육을 필요로 하는 학생을 포괄해야 하며, 공교육 보완 차원에서 특정 분야에서 잠재력을 보이는 가능성 있는 학생(잠재적 영재)을 가급적 수용해야 한다.

3) 대학 단계에서 별도의 영재교육 프로그램이 없어 영재성 개발이 초·중·고교 단계에서 종결되는 것이 현실이다. 앞으로 보다 긴밀한 상위 교육기관과의 연계 교육을 통해 영재들이 진학 문제에서 벗어나 안심하고 창의적 활동에 참여할 수 있는 제도가 마련되어야 한다.

4) 영재교육 초기 단계로 연수를 받은 교사가 부족한 것이 사실이다. 교육의 질이 교사의 질에 달려 있음을 인식하여 영재교육 교사 양성에 더욱 노력해야 한다.

5) 영재교육이 국가적 지원으로 이루어지고 있는 만큼 저소득층 쿼터 제도 등을 도입하여 소외된 계층에 대한 지원이 보다 활발히 이루어져야 한다.

6) 보다 적극적으로 영재의 사회정서 발달을 도모해야 하며, 특히 도덕성과 봉사정신의 함양에 더욱 노력해야 한다. 영재교육은 미래의 지도자적 자질을 함양해 주어야 하며, 이를 위해 모든 프로그램이 건전한 도덕적·사회적 가치 및 윤리의식을 갖추도록 구성되어야 한다. 선행 연구들(김홍원·윤초의·윤여홍·김현철, 2003 ; 배새벽·윤소정, 2007 ; 최선일, 2005)은 영재아동의 사회정서 발달에 대한 교육의 중요성을 강조하고 있다.

참고문헌

- 김홍원·윤초의·윤여홍·김현철, 〈초등 영재 학생의 지적 정의적 행동 특성 및 지도방안 연구〉, 한국교육개발원, 2003.
- 배새벽·윤소정, 〈한국과학영재학교 학생들이 겪는 학습 관련 어려움에 대한 고찰〉, 한국영재학회 하계 학술발표대회, 2007.
- 손옥, 〈한국과 미국의 과학영재교육센터 현황 연구-대학 부설 영재교육센터의 과학영재 교육을 중심으로〉, 이화여대 대학원 석사학위 논문, 2001.
- 우동화, 〈교육학적 정당성에 근거한 한국 영재교육의 분석〉, 계명대 교육대학원 박사학위 논문, 2006.
- 이복희, 〈한국 영재교육 변천과정 연구〉, 단국대학교 교육대학원 석사학위 논문, 2003.
- 최선일, 〈K-CBCL을 통한 중학교 과학영재 학생과 일반 학생의 문제행동 비교〉, 건국대학교 교육대학원 교육학과 영재교육 전공 석사학위 논문, 2005.
- 한국교육개발원, 〈영재교육진흥법 일부 개정법률에 따른 시행령(안) 개발〉, 2006.

중앙에듀북스 / 중앙경제평론사

Joongang Edubooks Publishing Co./Joongang Economy Publishing Co.

중앙에듀북스는 폭넓은 지식교양을 함양하고 미래를 선도한다는 신념 아래 설립된 교육·학습서 전문 출판사로서 우리나라와 세계를 이끌고 갈 청소년들에게 꿈과 희망을 주는 책을 발간하고 있습니다.

영재교육원의 창의적 아이들

초판 1쇄 인쇄 | 2011년 4월 18일
초판 1쇄 발행 | 2011년 4월 23일

엮은이 | 한국과학창의재단(Korea Foundation for the Advancement of Science & Creativity)
펴낸이 | 최점옥(Jeomog Choi)
펴낸곳 | 중앙에듀북스(Joongang Edubooks Publishing Co.)

대　표 | 김용주
편　집 | 한옥수·최진호
기　획 | 정두철
디자인 | 이여비
마케팅 | 김민주
관　리 | 김영진
인터넷 | 김희승

출력 | 국제피알　종이 | 한솔PNS　인쇄·제본 | 태성문화사

잘못된 책은 바꾸어 드립니다.
가격은 표지 뒷면에 있습니다.

ISBN 978-89-94465-07-4(13370)

등록 | 2008년 10월 2일 제2-4993호
주소 | ⓦ100-789 서울시 중구 왕십리길 160(신당5동 171) 도로교통공단 신관 4층
전화 | (02)2253-4463(代) 팩스 | (02)2253-7988
홈페이지 | www.japub.co.kr 이메일 | japub@naver.com | japub21@empas.com

♣ 중앙에듀북스는 중앙경제평론사·중앙생활사와 자매회사입니다.

Copyright ⓒ 2011 by 한국과학창의재단
이 책은 중앙에듀북스가 저작권자와의 계약에 따라 발행한 것이므로 본사의 서면 허락 없이는
어떠한 형태나 수단으로도 이 책의 내용을 이용하지 못합니다.

※ 이 책은 《창의성을 키우는 영재 선생님들의 비밀노트》를 제목과 표지를 바꿔 새롭게 출간하였습니다.

▶ 홈페이지에서 구입하시면 많은 혜택이 있습니다.

※ 이 도서의 **국립중앙도서관 출판시도서목록(CIP)**은 e-CIP 홈페이지(www.nl.go.kr/cip.php)에서
　이용하실 수 있습니다.(CIP제어번호: CIP2011001462)